RÄTSELHAFTE WESEN

RÄTSELHAFTE WESEN

eco

INHALT

Eine Galerie von Fabelwesen

Seit unvordenklichen Zeiten haben seltsame Kreaturen, die – ob in Wirklichkeit oder in der Phantasie – auf der Erde lebten, durch die Meere schwammen und in die Lüfte aufstiegen, Menschen in Ehrfurcht und Schrecken versetzt. Und im Laufe langer Jahrhunderte fanden einige der schrecklichsten Ungetüme Eingang in die Legenden der verschiedensten Völker, in denen sie als lebendiges Zeugnis der menschlichen Vorstellungskraft weiterlebten.

Auch wenn diese Geschöpfe oft wundersam scheinen mögen, so geht man doch davon aus, daß sie ihren Ursprung in echten Ungetümen hatten, von denen manche nur durch Berichte von Reisenden und Forschern bekannt waren, die aus fremden Ländern heimkehrten. So ist der Vogel Greif, eine mittelalterliche Sagengestalt, die angeblich in irgendeinem fernen Land lebte, eine phantasievolle Mischung aus Löwe und Adler. So manches Fabelwesen wurde der Schlange nachempfunden, einem Tier, das in westlichen Kulturen lange als Sinnbild des Bösen galt. Aus ihr entwickelte sich wohl auch der feuerspeiende Drache, ein schlangenähnliches Geschöpf mit Fledermausflügeln und Echsengliedmaßen. Darüber hinaus vermuteten Gelehrte, daß Überreste von ausgestorbenen Tieren, wie Mammut und Höhlenbär, auch ihren Beitrag zur Entstehung solcher Ungetüme leisteten.

Doch der genaue Ursprung der mythischen Ungeheuer wird ebenso ungeklärt bleiben wie die Frage, warum solche Geschöpfe beschworen wurden. Vielleicht boten sie eine gute Möglichkeit, die Ängste und Phantasien einer Kultur auszudrücken oder Naturereignisse zu erklären, für die es keine erkennbare Ursache gab.

Auf den folgenden Seiten sind einige dieser sonderbaren Wesen aus Mythen und Legenden dargestellt.

Der fürchterliche, feuerspeiende Drache

Geflügelte Drachen tauchten im Westen erstmals in den Werken der alten Griechen und in der Bibel auf, doch ihre Glanzzeit erlebten diese kurzbeinigen, feuerspeienden Ungeheuer im mittelalterlichen Europa. Nach der Legende hielten diese gräßlichen Kreaturen, die oft gewaltige Hörner, entsetzliche Fangzähne und einen giftigen Atem hatten, mitunter eine ganze Stadt gefangen oder verspeisten Jungfrauen, bis sie endlich von einem tapferen Ritter getötet wurden, der in den meisten Fällen ein Zauberschwert besaß. Der berühmteste Held, der eine Stadt und noch dazu eine Jungfrau rettete, war der heilige Georg, dessen Drachentötung gewöhnlich als

Allegorie für den Triumph des Christentums über die Mächte der Finsternis angesehen wird. Drachen spielten auch in der chinesischen Sagenwelt eine große Rolle. Hier waren sie recht gutartige Wesen, während sie im Westen stets als Verkörperung des Bösen galten. Im 15. Jahrhundert erhielt Vlad Tepes, Fürst der Walachei und lebendes Vorbild des berühmtesten Romanvampirs, den Beinamen Dracula, der sich von dem rumänischen Wort für Drache und Teufel ableitet. Selbst nach dem Tod besaß ein Drache noch wundersame Kräfte. Wie es hieß, war ein Tropfen seines Blutes tödlich, und wenn man seine Zähne in die Erde steckte, wuchsen daraus Krieger.

Das menschengesichtige Mantichora

Das schreckliche Mantichora, das angeblich durch die Dschungel Indiens streifte, hatte den Körper eines Löwen, das Gesicht eines Menschen und den stachelbewehrten Schwanz eines Skorpions. Einzigartig aber waren seine riesigen Kiefer, in denen oben und unten drei Reihen messerscharfer Zähne saßen, die ineinandergriffen, wenn das Ungeheuer sein Maul schloß. Mit seinen Zähnen konnte das Mantichora fast alles zerfetzen, und besonders gern soll es Menschen gefressen haben. Aber auch auf Distanz war das Monster gefährlich. Mit seinem gegabelten Schwanz konnte es tödliche Stacheln abfeuern, die eine Reichweite von 30 Metern hatten.

Der trügerische Krake

Der Krake der skandinavischen Sage war ein gehörntes Meeresungeheuer von so gewaltiger Größe, daß ihn ahnungslose Seeleute mitunter für eine Gruppe von Inseln hielten. Doch wenn die Seefahrer näherkamen, verwandelten sich die Inseln plötzlich in eine Vielzahl von Köpfen, Hörnern und schwankenden Greifarmen, die selbst die größten Schiffe packen und in die Tiefe ziehen konnten. Außerdem hieß es vom Kraken, er würde eine tintenähnliche Flüssigkeit aussto-ßen, die das Wasser schwärzte und vergiftete, eine Eigenschaft, die – wie die Fangarme – das Wesen als riesige Version des tatsächlich existierenden Riesenkalmars erscheinen läßt.

Der böse Basilisk

Von all den sagenhaften Ungeheuern war keines schrecklicher als der Basilisk. Halb Schlange, halb Hahn schlüpfte er aus einem Ei, das ein siebenjähriger Hahn gelegt hatte, als Sirius hoch am Himmel stand. Das Ei war kugelrund und mit einer dicken Haut überzogen, und manchen Legenden zufolge wurde es neun Jahre lang von einer Kröte ausgebrütet. In dieser langen Zeit entwikkelte sich ein Geschöpf mit einem Atem, der die Erde versengte, und einem Blick, der sogar für den Basilisken selbst tödlich war. Deshalb war jeder, der auszog, um ihn zu töten, gut beraten, wenn er einen Spiegel mitnahm, in dem der Basilisk seinem eigenen Blick begegnete.

Die vielköpfige Hydra

Die Hydra, die der Sage nach in Sümpfen und anderen nassen Verstecken lauerte, war ein absonderliches Wesen mit mindestens sieben Köpfen, von denen der mittlere unsterblich war. Und wenn ein Gegner einen dieser Köpfe abschlug, konnte die Hydra zwei grauenvolle neue nachwachsen lassen. Doch schließlich wurde das gräßliche Ungeheuer von Herakles vernichtet, der den unsterblichen Kopf unter einem Felsen begrub und die übrigen acht verbrannte. Wahrscheinlich schufen die alten Griechen die sagenhafte Schreckensgestalt der Hydra nach dem Vorbild des Oktopus, bei dem verlorene Fangarme ebenfalls nachwachsen.

Der riesige Vogel Greif

Halb Löwe, halb Adler war der Greif weit größer als jedes dieser Tiere für sich. Körper und Schwanz stammten von einem Löwen, doch waren sie achtmal so groß, und Kopf und Flügel von einem Adler, aber der Greif war hundertmal stärker. Wie man glaubte, lebte dieses seltsame Wesen in den Bergen, von wo aus es sich auf seine Opfer herniederstürzte. Mit seinen mächtigen Klauen konnte es ein Pferd mitsamt seinem Reiter und sogar zwei ins Joch gespannte Ochsen packen, in sein Nest tragen und mit riesigem Appetit verspeisen. Mitunter – so berichten es Sagen und Legenden – ließen sich die Götter von Greifen durch die Lüfte tragen.

Auch der Wagen der furchtbaren griechischen Rachegöttin Nemesis wurde häufig von Greifen gezogen. Natürlich waren Menschen gut beraten, dem Ungeheuer unter allen Umständen aus dem Weg zu gehen, aber da es Zauberkräfte besaß, schätzte man Teile seines Leibes als Talismane gegen Unheil und Mißgeschick. Besonders begehrt waren seine ochsenhorngroßen Klauen, die einen besonders wirkungsvollen Schutz darstellten, da sie sich bei der geringsten Berührung mit Gift dunkel färbten. Während des Mittelalters wurden Leichtgläubigen oft Antilopenhörner oder Stoßzähne von ausgestorbenen Mammuts als Greifenklauen verkauft.

KAPITEL 1

Geschöpfe des Meeres

Am frühen Nachmittag des 31. Oktober 1983 war auf einer Klippe im kalifornischen Marin County ein Trupp von Straßenarbeitern emsig damit beschäftigt, einen Streckenabschnitt des Highway 1 auszubessern, jener Schnellstraße, die sich an Amerikas Westküste entlangzieht. Unter ihnen erstreckten sich die sandige Stinson Beach und die endlosen Wasser des Pazifiks. Es mochte kurz vor zwei Uhr sein, als sich einer der Sicherheitsposten von seinem Standort abwandte und auf das Meer hinausspähte, denn er hatte dort etwas Riesiges und äußerst Merkwürdiges entdeckt, etwas, das sich sehr schnell durch das Wasser auf den Strand zu bewegte. Rasch bat der Sicherheitsposten über Sprechfunk seinen Arbeitskollegen Matt Ratto, es mit seinem Fernglas näher in Augenschein zu nehmen.

Ratto sah ein riesiges, dunkles Geschöpf, das sich nur etwa 400 Meter von seinem Aussichtspunkt entfernt befand. Etwas Derartiges hatte er noch nie gesehen – es war etwa 30 Meter lang und sehr dünn, und auf seinem Rücken befanden sich drei Höcker oder Buckel; das Wesen sah für Ratto ganz wie eine Seeschlange aus.

Während er das Tier noch beobachtete, hob es mit einem Mal seinen Kopf aus dem Wasser und schien um sich zu blicken. Dann machte es plötzlich kehrt, sein Kopf tauchte wieder unter, und es schwamm zurück ins offene Meer. Der Lastwagenfahrer Steve Bjora, der ebenfalls Zeuge dieses Vorfalls wurde, schätzte seine Geschwindigkeit auf 70 bis 80 Stundenkilometer. Bjora hatte aber nur zwei Höcker gesehen.

Es waren ingesamt fünf Arbeiter, die an jenem Tag dieses Schauspiel beobachteten, und hinsichtlich der ungewöhnlichen Länge des Tieres, seines schlanken Körpers und der dunklen Farbe stimmten ihre Beschreibungen alle überein. Eine andere Zeugin, die Sicherheitsinspektorin Marlene Martin, wollte nicht öffentlich über das Gesehene sprechen, weil sie wahrscheinlich fürchtete, zur Zielscheibe des Spottes zu werden; aber wie ihre Tochter berichtete, hatte Frau Martin das Tier tatsächlich beobachtet und es ihrer Familie als ein vierhöckeriges Ungetüm beschrieben.

Ein weiterer Zeuge war der 19jährige Roland Curry. Er sah die Schlange an jenem Nachmittag vom Strand aus. Später berichtete er Reportern erregt, er habe das Tier zweimal gesichtet. Von dem ersten Vorfall hatte er seiner Freundin erzählt, doch da sie ihn daraufhin für verrückt erklärte, sprach er

nicht weiter darüber. Nachdem er das Ungetüm nun jedoch im Beisein anderer Zeugen erneut gesehen hatte, zweifelte er nicht länger an dessen Existenz.

Drei Tage nach dem Vorfall am Stinson Beach entdeckte eine Gruppe von Surfern 650 Kilometer weiter südlich nahe Costa Mesa ein ähnliches Ungetüm. Wie ein 29jähriger Surfer namens Hutchinson berichtete, war es nur drei Meter entfernt von seinem Brett aufgetaucht. Zunächst wollte Hutchinson gar nicht über den Vorfall sprechen, da er ihn für „zu absurd" hielt. Aber als er von den Beobachtungen im Marin County las, bestätigte er, daß das Tier genau so ausgesehen hatte, wie es von den Straßenarbeitern beschrieben worden war – „wie ein langer, schwarzer Aal".

Im 20. Jahrhundert gab es immer wieder Berichte von geheimnisvollen Lebewesen, die vor der pazifischen Küste gesichtet wurden. Wissenschaftler vermuteten, daß es sich bei den Beobachtungen von 1983 in Wirklichkeit um Wale gehandelt hatte, deren Umrisse im Gegenlicht der Sonne verzerrt erschienen waren. Andere vertraten die Auffassung, der Eindruck von einem Ungetüm sei möglicherweise durch in Linie springende Delphine entstanden. Ratto und Hutchinson wiesen diese rationalen Erklärungen weit von sich. Beide wußten, wie Wale aussahen, und waren absolut sicher, daß es etwas anderes gewesen sein mußte.

Natürlich ist es durchaus möglich, daß Ratto, Hutchinson und die anderen Beobachter irgendein bekanntes Wesen oder Phänomen gesehen, aber nicht richtig erkannt hatten. Und vielleicht beeinflußten Berichte in den Medien die Wahrnehmungen späterer Zeugen, die nun in jeder Welle eine Phantomschlange erblickten, oder die auf diese phantasievolle Weise den Wunsch befriedigten, einmal an einem besonderen Ereignis teilzuhaben. Aber vielleicht sahen die Menschen an der Stinson Beach und an der Costa Mesa tatsächlich ein unbekanntes Meeresungeheuer – vielleicht sogar ein Exemplar einer vereinzelten Art, die in ferner Vergangenheit die Erde bevölkerte. Ein Biologe stellte damals die Überlegung an, daß „da draußen im Meer vielleicht alle möglichen prähistorischen Lebewesen herumschwimmen, von denen wir nichts wissen."

Unter den Begriff Ungeheuer fällt im allgemeinen alles, was nicht der gängigen Vorstellung des Normalen entspricht – alles, das zu seltsam, groß, häßlich, böse oder fruchterregend erscheint, um „real" zu sein. Seit den Anfängen der Geschichte haben Erzählungen über sagenhafte Ungeheuer die Menschen zugleich fasziniert und abgestoßen – Erzählungen über im Verborgenen lebende Wesen, die einzelnen Menschen oder kleinen Gruppen, aber nicht allgemein bekannt waren. Ungeheuer haben die Phantasie von Dichtern, Geistlichen, Seeleuten, Wissenschaftlern und einfachen Menschen gleichermaßen gefesselt sowie Scharlatane und Publicity-Süchtige auf den Plan gerufen. Doch immer wieder haben sich die Ungeheuer ihren Verfolgern entzogen, um sich in den einsamsten und geheimnisvollsten Regionen der Erde zu verbergen: in den Meeren, den Flüssen und Seen, den Bergen und Wäldern.

Die riesigen und weitgehend unerforschten Ozeane wurden schon immer als Wiege – bekannter und unbekannter – seltsamer Kreaturen betrachtet. Die alten Kartenzeichner stellten Meere dar, in denen es von Ungetümen jeglicher Art wimmelte – Wesen mit Stacheln, Flügeln, Hörnern, spitzen Zähnen und zahllosen Fangarmen. Einige von ihnen, wie etwa der Riesenkalmar, haben wissenschaftliche Anerkennung gefunden und sind vom Mythos in die Zoologie übergewechselt. Andere, die man im allgemeinen als Seeschlangen bezeichnet – ob sie nun tatsächlich zu den Reptilien gehören mögen oder nicht – warten immer noch auf ihre wissenschaftliche Entdeckung.

Aber auch die Tiefen mancher Flüsse und Seen sollen

Inspiriert von Geschichten der Seeleute über Begegnungen mit seltsamen Kreaturen, stellten Künstler im Laufe der Jahrhunderte in ihren Werken echte und erfundene Ungeheuer dar, die angeblich in den Meeren lauern. Auf diesen Seiten ist eine Auswahl ihrer oft phantastischen Bilder zu sehen.

Dieser „Seeteufel" wurde angeblich im 15. Jahrhundert in der Adria gefangen.

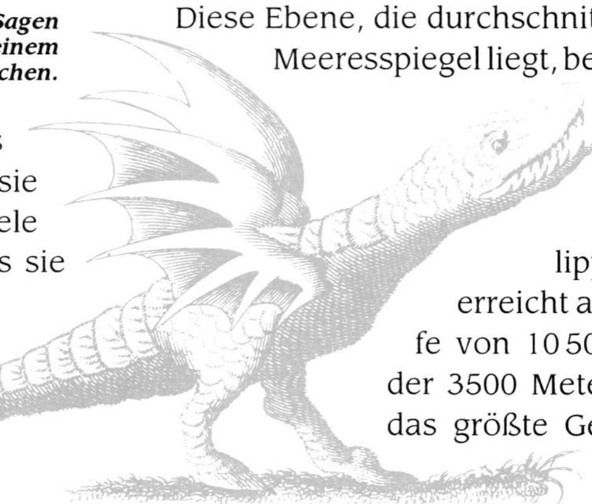

Englische Sagen berichten von einem Seedrachen.

große Süßwasserkreaturen beherbergen, wie etwa das bekannte Ungeheuer von Loch Ness – liebevoll Nessie genannt – oder Ogopogo, Champ und Morag; viele dieser Wesen tragen den Namen des Gewässers, das sie bewohnen. Und überall auf der Erde sollen sich in einsamen Bergen und tiefen Wäldern zottige, menschenähnliche Geschöpfe von riesiger Größe verbergen, die Namen wie Yeti – Schrecklicher Schneemensch –, Almas und Sasquatch – der auch oft Bigfoot genannt wird – tragen.

Für alle diese Ungeheuer, die angeblich Meere, Seen und Land bevölkern, gibt es zahllose natürliche Verstecke. Die Ozeane aber sind es, die am größten und tiefsten und damit auch am schwersten zu erforschen sind. Diese gewaltigen Wassermassen hüten viele Geheimnisse, und nur recht selten – und oft ganz zufällig – geben sie hin und wieder etwas davon preis. Schließlich wäre ja auch das riesigste Ungeheuer, verglichen mit den endlosen Meeren, Buchten und Flußmündungen dieser Welt, nicht mehr als ein winziges Wassertröpfchen.

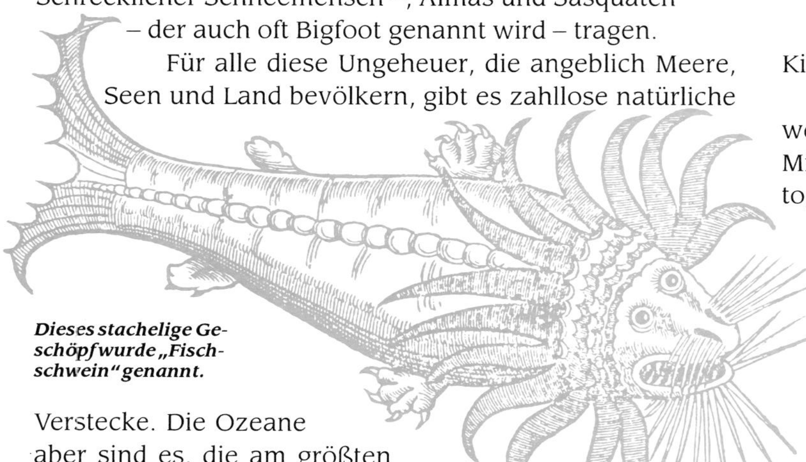

Dieses stachelige Geschöpf wurde „Fischschwein" genannt.

Die Meeresforschung hat sich zumeist auf die relativ schmalen und flachen Kontinentalsockel oder -schelfe beschränkt, die die großen Landflächen umgeben. Diese Kontinentalsockel machen aber nur sieben Prozent des untermeerischen Terrains aus und lassen in keiner Weise auf die topographische Vielfalt tieferer Regionen schließen, wie die steil abfallenden Hänge, die tiefen Becken und Gräben, die sanften kontinentalen Erhebungen und die wüstenähnliche Ebene der Tiefsee. Diese Ebene, die durchschnittlich 3500 Meter unter dem Meeresspiegel liegt, bedeckt fast die Hälfte der Erdoberfläche. Gelegentlich wird ihre Einförmigkeit durch Spalten oder Gräben unterbrochen. Der Philippinengraben beispielsweise erreicht an manchen Stellen eine Tiefe von 10 500 Metern. Und mitten aus der 3500 Meter tiefen Ebene erhebt sich das größte Gebirgssystem der Erde, der mehr als 3000 Meter hohe Mittelozeanische Rücken, der sich über etwa 60 000 Kilometer hinweg durch drei große Ozeane zieht.

Fast unser gesamtes Wissen über diese Unterwasserwelt haben wir der modernen Technologie zu verdanken. Mit Hilfe komplizierter Sonargeräte werden von Meereskartographen detaillierte Karten erstellt, die die meisten untermeerischen Regionen und Formationen verzeichnen und sogar benennen. Doch haben die Wissenschaftler erst winzige Bereiche der Meerestiefen unmittelbar erforscht und deshalb kaum eine Vorstellung, welche Lebensformen sich vielleicht in den Ebenen, Gräben, Bergen und Tälern dieser Gewässer verbergen mögen. In den letzten Jahrzehnten jedenfalls sind immer wieder „neue" Meereslebewesen von beachtlicher Größe entdeckt worden, die den Menschen über Jahrtausende hinweg verborgen geblieben waren.

Das Studium vormals unbekannter Tierarten, die zu Lande, in der Luft und im Meer leben, wird Kryptozoologie genannt, was wörtlich übersetzt etwa die Kunde von verborgenen Tieren bedeutet *(S. 20)*. Zu den spektakulärsten Funden der heutigen Zeit gehört ein Lebewesen, das zwar keine Seeschlange, aber tatsächlich ein prähistorisches Meeresungetüm ist. Die Serie von Zufällen, die zu seiner Entdeckung führte, begann im Dezem-

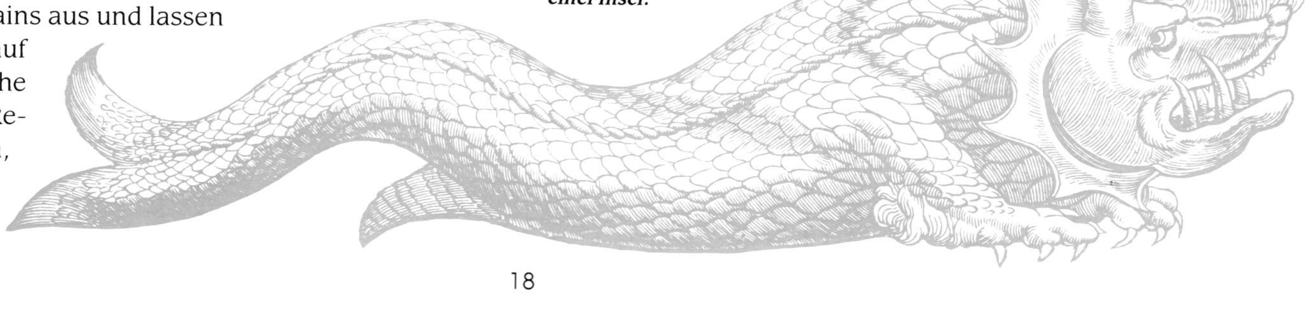

Der riesige, wasserspeiende Wal gleicht einer Insel.

ber 1938, als Fischer an Bord eines südafrikanischen Trawlers unter ihrem üblichen Fang, den sie aus den Wassern des Indischen Ozeans gehievt hatten, eine äußerst merkwürdige Kreatur fanden. Der große, dunkelblaue Fisch mit seinen panzerähnlichen Schuppen und riesengroßen, blauen Augen war so ungewöhnlich, daß ihn die Besitzer des Trawlers Marjory Courtenay-Latimer brachten, einer Kustodin am

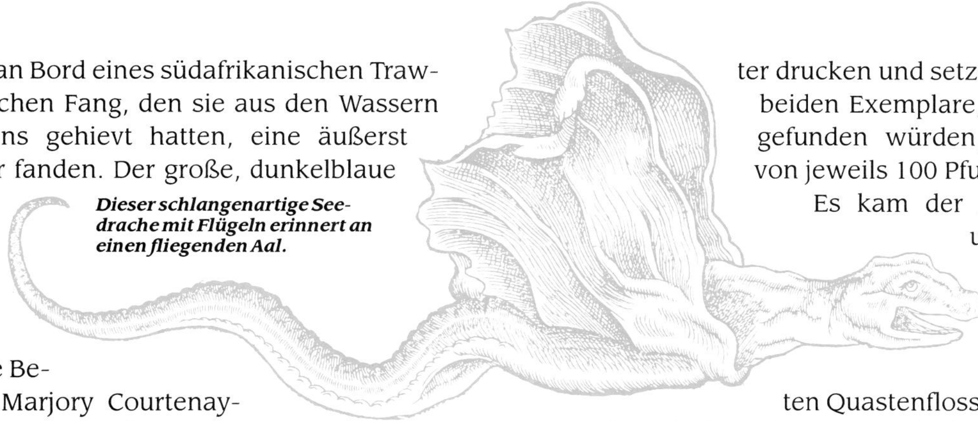

Dieser schlangenartige Seedrache mit Flügeln erinnert an einen fliegenden Aal.

Mehrere Augen hat dieser „Schweinefisch".

Museum für Naturgeschichte in dem südafrikanischen Ort East London. Da sie den Fisch nicht bestimmen konnte, schrieb sie an Professor J.L.B. Smith von der Rhodes University und legte dem Brief eine Zeichnung bei. Unglücklicherweise verzögerte sich der Brief durch die Weihnachtspost um mehrere Wochen, und als er endlich ankam, da hatte die Kustodin den seltsamen Fisch schon zum Präparieren gegeben. Die inneren Organe waren dabei in den Abfall gewandert.

Dennoch stellte der Professor fest, daß es sich bei dem Lebewesen um einen Quastenflosser handelte – einen Fisch, der vor mehr als 300 Millionen Jahren gelebt hatte und – wie man glaubte – seit beinahe 70 Millionen Jahren ausgestorben war. Smith nannte die Entdeckung *Latimeria chalumnae* und veröffentlichte seine Ergebnisse, die sofort weltweit für eine Sensation sorgten. Die Wissenschaft feierte dieses eine, verstümmelte Exemplar als die Entdeckung des Jahrhunderts. Professor Smith aber wollte unbedingt in den Besitz eines unversehrten Quastenflossers gelangen. Er ließ in drei Sprachen Merkblätter drucken und setzte für die nächsten beiden Exemplare, die unbeschädigt gefunden würden, eine Belohnung von jeweils 100 Pfund Sterling aus.

Eine Kreatur mit wilder Mähne bäumt sich auf und speit Wasser.

Es kam der Zweite Weltkrieg, und danach gingen genau 14 Jahre ins Land, bevor der Professor seinen zweiten Quastenflosser erhielt. Das Tier war von dem Fischer Ahmed Hussein in nur 20 Meter Tiefe vor der Küste von Anjouan (heute Nzwani) gefangen worden, einer der Komoreninseln, die vor der Küste Moçambiques liegen. Den Inselbewohnern war das seltsame Tier wohlbekannt: Sie nannten es *kombessa* und betrachteten es als genießbar, wenngleich nicht besonders schmackhaft. Möglicherweise hätte auch Hussein seinen Fang gegessen oder verkauft, wäre er nicht zufällig einem Lehrer begegnet, der sich an das Merkblatt des Professors erinnerte und an die versprochene Belohnung, die nach dem wirtschaftlichen Standard der Inselbewohner drei Jahreseinkommen entsprach. Und so setzten sich die Männer mit Professor Smith in Verbindung. Obgleich auch dieser Fisch nicht unversehrt

Dieser Wal wurde vor England gesehen.

war, besaß er doch fast alle inneren Organe, und vor allem kannte man nun den natürlichen Lebensraum des Quastenflossers, was zu weiteren Funden führte.

In den Annalen der Kryptozoologie stellt die Entdeckung des Quastenflossers eine klassische Erfolgsgeschichte dar: Ein unbekanntes Tier wird durch Zufall gefunden, fällt in die richtigen Hände und erlangt dann sofort wissenschaftliche Anerkennung. Und die Tatsache, daß der Quastenflosser als längst ausgestorben galt, war für jene, die nach Meeresungetümen forschten, besonders bedeutsam: Wenn dieser prähistorische Fisch bis in die heutige Zeit im Verborgenen gelebt hatte, konnte dies dann nicht auch bei einer Vielzahl anderer urtümlicher Meereslebewesen der Fall sein?

Ein „Schweinewal" hat Stoßzähne.

Im November 1976 entdeckte man diesen bis dahin unbekannten Hai vor Hawaii und nannte ihn Megamouth. Ein anderes Exemplar ging 1984 vor Kalifornien in die Netze.

Auf der Suche nach unbekannten Tieren

Eine kleine Gruppe von Biologen träumt davon, eine völlig unbekannte Tierart zu entdecken oder aber lebende Exemplare von Tieren zu finden, die seit langer Zeit als ausgestorben gelten. Funde aus unserem Jahrhundert ermutigen diese Optimisten, deren Arbeitsfeld treffend Kryptozoologie (wörtlich „die Wissenschaft von verborgenen Tieren") genannt wird.

Körpergröße und Lebensraum sind oft der Grund dafür, warum ein Tier lange unentdeckt bleibt. So entging eine hummelgroße Fledermaus, die in Höhlen in Thailand lebt, bis 1973 der Entdeckung. Aber auch größere Tiere in weniger entlegenen Gebieten blieben lange im Verborgenen. So wurden 1975 in Paraguay Herden einer Pekari-Art gesichtet, die angeblich in der letzten Eiszeit ausgestorben war.

Manchmal erhalten Wissenschaftler von Einheimischen wertvolle Hinweise. 1936 führte eine ungewöhnliche Feder am Hut eines Ortsansässigen zur Entdeckung eines prächtigen afrikanischen Pfaus, und wie sich 1912 herausstellte, waren Berichte über Riesenechsen auf der indonesischen Insel Komodo keine phantastischen Sagen, denn in jenem Jahr gelang es dem Naturforscher P. A. Ouwens, vier gefangene Exemplare zu bestimmen. Die Kryptozoologen glauben, daß immer noch sensationelle Entdeckungen möglich sind.

Der 150 Kilogramm schwere Komodowaran existiert seit 100 Millionen Jahren, doch die Wissenschaft kennt ihn kaum 100 Jahre.

Der Riesenpanda kommt nur in China und Tibet vor. Erst Anfang dieses Jahrhunderts sahen Abendländer ein lebendes Exemplar.

Das zur Familie der Giraffen gehörende scheue Okapi ist in den Regenwäldern des Kongos heimisch. Wissenschaftler entdeckten das Tier erst um 1900.

Im Jahre 1904 entdeckte man in Kenia das Riesenwaldschwein. Seit dieser Zeit wurde aber keine weitere unbekannte Gattung großer Landsäuger mehr gefunden.

Sein abgelegener Lebensraum im Regenwald des vulkanischen Hochlandes Zentralafrikas schützte den scheuen Berggorilla bis 1901 vor seiner Entdeckung.

Eine andere, wenn auch kompliziertere Erfolgsgeschichte ist die des Riesenkalmars, der Jahrtausende nur in Sagen lebte, bevor die Wissenschaft seine Existenz anerkannte. Die Geschichte des engverwandten Riesenoktopus dagegen ist noch nicht zu Ende geschrieben. An seiner Existenz wird nach wie vor gezweifelt.

Obgleich für beide dieser Cephalopoden – oder Kopffüßer (abgeleitet von den griechischen Worten für *Kopf* und *Fuß*) – lange, muskulöse Fangarme mit Saugnapfreihen und hochentwickelte Augen charakteristisch sind, haben Zoologen zwischen Kalmaren und Oktopoden normaler Größe deutliche Unterschiede festgestellt. Kalmare besitzen zehn Arme, von denen zwei als lange, spezialisierte Tentakel ausgebildet sind, und sie sind aktive Jäger mit schlanken, torpedoförmigen Körpern. Oktopoden haben dagegen rundere Körper und acht Arme, sie sind träger und verlassen nur selten ihre heimischen Gefilde auf dem Meeresgrund. Doch in den Sagen, die seit alters her überliefert wurden, sind die beiden riesigen Cephalopodenarten so häufig miteinander verwechselt worden, daß es manchmal schwer ist, sie zu unterscheiden. Oft vereinen sich in den Kreaturen der alten Sagen Eigenschaften beider Ungetüme – und mitunter besitzen sie obendrein Charakterzüge von Walen.

Der erste, der uns von den riesigen Kopffüßern berichtete, war der Dichter Homer, der im 8. oder 9. Jahrhundert v. Chr. lebte. In seiner *Odyssee* erzählt er von der Skylla, einem Scheusal, bei dem es sich womöglich um eine mythische Verkörperung des Riesenoktopus handelt, auch wenn dieses Wesen zahlreiche Klauen, Hälse und Köpfe besitzt. Wie der Oktopus lauert sie verborgen in einer Höhle auf ihre Beute, doch stehen ihre Zähne „in dreifachen Reihen", was eher an die mit Zähnen besetzten Saugnäpfe eines Kalmars als an die glatten eines Oktopus erinnert.

Möglicherweise war auch Medusa, die ebenfalls zu den gräßlichen Ungeheuern der griechischen Mythologie gehört, ein riesiger Kopffüßer. Ihr Haarschopf aus sich windenden Schlangen könnte sehr wohl Arme darstellen, die sowohl bei Oktopoden als auch Kalmaren direkt aus dem Kopf zu wachsen scheinen. Medusas Blick, der Menschen zu Stein erstarren ließ, weckt Assoziationen an die riesigen Augen des Riesenkalmars und vielleicht auch des Riesenoktopus. Bei einer dramatischen Begegnung mit einem Riesenkalmar, die sich in diesem Jahrhundert ereignete, war ein Tiefseetaucher von den Augen des Wesens fast hypnotisiert worden – „Augen, die in ihrem Blick alles Böse und Abscheuliche zu vereinen schienen". Erst eine plötzliche Bewegung des Kalmars brachte den Taucher wieder zu Sinnen, der daraufhin die Flucht ergriff.

Vor Anbruch des Mittelalters tauchte in den Sagen eine Art Kreuzung zwischen Riesenkopffüßer und Wal auf, die „Inselungeheuer" genannt wurde und so gewaltig war, daß ahnungslose Seeleute dort irrtümlicherweise mit ihren Schiffen vor Anker gingen, dann aber zu ihrem Entsetzen feststellen mußten, daß sich ihre Insel bewegte. Das skandinavische Gegenstück, der Krake, wird erstmals um das Jahr 1000 in einem Manuskript erwähnt, und er taucht in den nordischen Sagen über viele Jahrhunderte immer wieder auf.

Eine besonders phantastische norwegische Sage erzählt von einem Bischof, der eine neue Insel entdeckte und sich von seinen Männern dorthin rudern ließ. Er zelebrierte auf dem Land eine Messe, um es einzusegnen, doch als er wieder fortfuhr, sah er, wie die Insel verschwand.

Jahrhunderte später veröffentlichte ein anderer skandinavischer Bischof ein umfangreiches Werk über Meeresungeheuer. In seinem 1752 erschienenen *Versuch einer natürlichen Historie* beschreibt Erik Pontoppidan, Bischof von Bergen, den Kraken als „rund und flach, mit zahlreichen Armen, oder Ästen". Der bewegliche Rücken des Wesens hatte angeblich einen Durchmesser von zweieinhalb Kilometern und sah zunächst wie eine Reihe kleiner Inseln aus. Seine Arme sollen manchmal so groß wie die „Masten eines Schiffs mittlerer Größe" gewesen sein. Wie Pontoppidan weiter berichtete, konnte das Ungeheuer große Schiffe in die Tiefe ziehen – eine Fähigkeit, die auch lange dem Riesenkalmar zugeschrieben wurde.

Zu Beginn des 19. Jahrhunderts forderten die Riesenkopffüßer – zumindest im übertragenen Sinne – ein akademisches Opfer. Der französische Naturforscher Pierre Denys de Montfort führte – von diesen sagenhaften Ungeheuern in den Bann gezogen – umfangreiche Untersuchungen über angebliche Beobachtungen von Überresten durch, die in den Mägen von Pottwalen gefunden wurden. Im Jahr 1802 veröffentlichte er sein Werk *Naturgeschichte der Mollusken,*

Hier zeigt ein Dorfbewohner auf den Komoren, die vor der Küste Moçambiques liegen, einen Quastenflosser. Lange glaubte man, dieser Fisch sei vor 70 Millionen Jahren ausgestorben, doch dann wurde 1938 ein Exemplar gefangen. Der Fund warf unter Wissenschaftlern die Frage auf, welche „lebenden Fossilien" wohl noch in den Weltmeeren umherschwimmen.

das der seriösen Forschung jedoch mehr schadete, als daß es sie voranbrachte. Denys de Montfort hatte sein Material sehr unkritisch ausgewählt. Er zitierte Geschichten und zeigte Illustrationen, die so übertrieben waren, daß ihn die wissenschaftliche Welt verhöhnte, diskreditierte und ächtete. Sein Leben endete in Armut, und er starb in den Straßen von Paris buchstäblich in der Gosse.

Dennoch wagte sich Mitte des 19. Jahrhunderts der dänische Zoologe Johan Japetus Steenstrup wieder an die umstrittene Frage nach der Existenz von Oktopoden und Kalmaren und sammelte umfangreiche Informationen über neuere Sichtungen und Strandungen. Im Jahr 1847 hielt er vor der Gesellschaft skandinavischer Naturforscher einen Vortrag zu diesem Thema. Steenstrups Ruf war aufgrund eines früheren wissenschaftlichen Irrtums bereits stark angeschlagen; und leicht hätte ihn das gleiche Schicksal ereilen können wie Denys de Montfort. Aber das Glück war auf seiner Seite. Er begann wissenschaftlich akzeptables Beweismaterial zu sammeln und gelangte in den Besitz eines gewaltigen Schlundes und Kiefers von einem Riesenkalmar, der 1853 an einem dänischen Strand angespült wurde. Im Jahr 1857 konnte er dann endlich eine wissenschaftliche Beschreibung des *Architeuthis dux*, wie das Lebewesen genannt wurde, veröffentlichen.

Obgleich der Riesenkalmar nun einen offiziellen Namen erhalten hatte, zweifelten einige Wissenschaftler auch weiterhin an seiner Existenz. Dann kam es eines Tages zu einer Beobachtung, die sensationell, aber glaubwürdig war. Am 30. November 1861 sichtete das französische Kanonenboot *Alecton* nahe der Kanareninsel Teneriffa einen Riesenkalmar. Der Kommandant des Schiffes, Leutnant Frédéric Marie Bouyer, entschloß sich, ihn zu fangen, und wies seine Männer an, auf das Tier zu feuern, doch verfehlten die Schüsse ihr Ziel. Nach einem langen Kampf gelang es der Besatzung schließlich, den Klamar zu harpunieren und ein Tau über seinen Körper zu streifen. Doch als sie versuchten, ihn an Bord zu hieven, zertrennte das Seil den weichen Leib, so daß nur ein Teil in den Händen der Matrosen zurückblieb, während der Rest ins Wasser zurückglitt. Als die *Alecton* Teneriffa erreichte, zeigte Bouyer dem französischen Konsul den Kalmar-Teil und fertigte einen offiziellen Bericht für das Marineoberkommando an. Einen Monat später kam

der Vorfall vor die Französische Akademie der Wissenschaften. Einige unverbesserliche Skeptiker ließen sich nicht überzeugen, doch in den 70er Jahren des letzten Jahrhunderts fand man dann an den Stränden Neufundlands und Labradors so viele Beweise für die Existenz der Riesenkalmare, daß sie nicht länger bezweifelt werden konnte. Aus unbekannt gebliebenen Gründen kam es damals zu einem Massensterben der Ungetüme, und ihre Kadaver wurden an Land gespült.

Der größte Kalmar, der den Wissenschaftlern bekannt wurde, strandete 1878 nahe Thimble Tickle auf Neufundland. Am 2. November jenes Jahres war Stephen Sperring mit seinen Freunden zum Fischen hinausgefahren, als sie dicht bei der Küste einen riesigen Gegenstand ausmachten. Da sie glaubten, es handele sich um den Teil eines Schiffswracks, fuhren sie näher heran, doch statt dessen trafen sie auf einen wild um sich schlagenden Kalmar mit glasigen Augen, der im flachen Wasser der Ebbe lag. Mit dem Bootshaken zogen die drei Männer das entkräftete Tier an Land, wo sie es an einem Baum festbanden, damit es nicht wieder ins Meer gespült wurde. Das großartige Exemplar hatte einen sechs Meter langen Körper und einen Tenta-

In seinem Hang zu Übertreibungen ließ der französische Naturforscher und Maler Pierre Denys de Montfort einen Kraken, der ein Schiff angreift, zu unglaublicher Größe anwachsen. Offenbar beruhte seine Darstellung auf einer Geschichte früher Seefahrer, die von der Begegnung mit einem großen Meereslebewesen vor der angolanischen Küste erzählte.

Hier posiert der Amateurforscher DeWitt Webb im Jahre 1896 mit angeblichen Überresten eines Riesenoktopus. Webb hatte den Kadaver mit Seilen wieder an Land gezogen, nachdem er ins Meer hinausgespült worden war.

kel von zwölf Meter Länge, was eine Gesamtlänge von 18 Metern ergab. Seine Augen sollen einen Durchmesser von 45 Zentimetern, seine Saugnäpfe von zehn Zentimetern gehabt haben. Die Männer verarbeiteten das Tier später zu Hundefutter, doch zuvor wurde es noch von dem Ortsgeistlichen Moses Harvey untersucht, der in einem Brief an eine Bostoner Zeitung die Entdeckung bezeugte.

Wenn schon die Anerkennung der Existenz des Riesenkalmars lange auf sich hatte warten lassen, so ging dies bei seinem geheimnisvollen Verwandten, dem Riesenoktopus, noch weitaus langsamer und mühevoller vonstatten. Vielleicht werden wir nie wissen, ob es sich bei irgendwelchen Schilderungen und Sichtungen von Kopffüßern wirklich um Oktopoden handelte. Tatsache ist, daß bis heute die Beweise für ihre Existenz allein auf einem einzigen Fund beruhen, der ein halbes Jahrhundert in Vergessenheit geriet, in den 50er Jahren endlich bestimmt werden konnte und dennoch keine allgemeine Anerkennung gefunden hat.

Zu dem Fund kam es durch einen Zufall. Am 30. November 1896 fuhren zwei Jungen mit ihren Rädern an der Anastasia Beach bei St. Augustine in Florida entlang und entdeckten dabei einen teilweise vergrabenen, riesigen Kadaver. Der bereits stark verweste Körper wurde von Dr. DeWitt Webb untersucht, einem Arzt mit regem Interesse an Naturgeschichte. Er kam zu dem Schluß, daß es sich um einen Riesenoktopus handelte. Der freiliegende Teil allein war sieben Meter lang und fünfeinhalb Meter breit; Überreste der Fangarme, die man einige Tage später fand, maßen an die zehn Meter. In Briefen berichtete Webb einigen Wissenschaftlern von dem Fund. Ein Brief war an den bekannten Cephalopoden-Experten und Yale-Professor A.E. Verrill gerichtet. Ohne die Überreste überhaupt gesehen zu haben, behauptete Verrill, bei dem Lebewesen handele es sich um einen Kalmar. Aufgrund von weiteren Informationen und Photographien änderte er aber seine Meinung und veröffentlichte Artikel, in denen er das Tier *Octopus giganteus* benannte und beschrieb. Nach seinen Berechnungen hatte das Wesen zwischen 23 und 30 Meter lange

Tentakel. Nachdem Verrill Gewebeproben untersucht hatte, die von Webb aus Mantel und Körper herausgeschnitten worden waren, revidierte Verrill sein Urteil aber erneut und erklärte nun, das Gewebe stamme von Kopf und Maul eines Wals. Dann geriet die Sache in Vergessenheit, bis eines Tages im Jahr 1957 dem Meeresbiologen Forrest Glen Wood vom Marineland in Florida ein alter Zeitungsausschnitt in die Hände fiel, in dem über das Ungeheuer von St. Augustine berichtet wurde. Fasziniert begann er sich näher mit der Angelegenheit zu befassen und brachte alte Photos, Zeichnungen, Artikel und Briefe ans Tageslicht. Schließlich entdeckte er, daß die Smithsonian Institution in Washington noch Proben des konservierten Gewebes aufbewahrte. Nun bat Wood einen Freund, den Zellbiologen Joseph F. Gennaro von der University of Florida um Unterstützung.

Gennaro beschaffte von der Smithsonian Institution Gewebeteile, die er zusammen mit Gewebeproben von bekannten Oktopoden und Kalmaren untersuchte. Wie Gennaro unter polarisiertem Licht feststellte, hatte die Struktur der Probe aus St. Augustine keinerlei Ähnlichkeit mit dem Gewebe irgendeines bekannten Wals oder Kalmars, dagegen war sie dem von bekannten Oktopoden recht ähnlich, wenn nicht sogar gleich. Später führte der Biochemiker Roy P. Mackal, der sich sehr für Kryptozoologie interessierte, Aminosäure-Analysen durch, die die Theorie untermauerten, daß es sich bei dem Ungeheuer von St. Augustine um einen Oktopus gehandelt hatte.

Obwohl diese Befunde in der Fachwelt vielerorts in Zweifel gezogen wurden, ist Wood zusammen mit einigen anderen Experten weiterhin der Auffassung, daß der Riesenoktopus irgendwo in den Tiefen bei den Bahamas lebt, vielleicht in der Nähe von Andros Island, wo viel von einem solchen Lebewesen die Rede ist. Unterwasserexpeditionen, die bis in 60 Meter Tiefe vordrangen, haben bisher keine Spur von Riesenoktopoden gefunden, aber manche Forscher glauben, daß sie vielleicht in den tieferen Gewässern eines nahe gelegenen Grabens lauern, der „Tongue of the Ocean" (Ozeanzunge) genannt wird.

Nach Ansicht einiger Kryptozoologen haben die vereinzelten Beweise für den Riesenoktopus und die unbestreitbare Existenz des Riesenkalmars ganz neue Aussichten eröffnet. Wenn es diese einstmals sagenhaften Ungeheuer tatsächlich gibt, so sagen sie, ist es dann so unwahrscheinlich, daß auch die legendäre Seeschlange irgendwo im Verborgenen lebt?

Die Reaktionen über Berichte von Seeschlangen reichen von Faszination über Entsetzen bis zu verächtlicher Ablehnung. Da diese Lebewesen immer mit Mythen, reli-

Auf diesem Stich aus dem 19. Jahrhundert gleitet die erste Seeschlange, von der in der Neuen Welt berichtet wurde, durch die Wasser vor Cape Ann in Massachusetts. Das Ungeheuer soll 1639 an Land gekrochen sein und sich dort zusammengerollt haben.

Im August 1817 konnte man in einer Bostoner Zeitung die haarsträubende Geschichte von einer Seeschlange lesen, die wiederholt im Gloucester Harbour von Cape Ann gesehen wurde, nicht weit von der Stelle entfernt, wo man bereits 180 Jahre zuvor ein ähnliches Lebewesen entdeckt hatte. Am 6. August jenes Jahres beobachteten angeblich zwei Frauen, wie das Riesen-Ungeheuer in den Hafen schwamm. Manche Leute glaubten, daß sie in Linie schwimmende Haie oder Delphine für eine Seeschlange gehalten hatten, doch bald wurde ihre Geschichte von Fischern bestätigt. In den folgenden drei Wochen sichteten Dutzende von Zeugen eine runde Schlange mit zahlreichen Buckeln und 15 bis 30 Meter Länge, die sich rasch durch das Wasser bewegte. Ende des Monats verschwand sie, doch wurde sie auch während der folgenden drei Jahre noch gelegentlich gesehen.

A Monstrous Sea Serpent,

The largest ever seen in America,

Has just made its appearance in Gloucester Harbour, Cape Ann, and has been seen by hundreds of Respectable Citizens.

The Editor of the Salem Gazette, says:—We have
in our possession an extract of a letter from John Low,
Esq. to his son in this town, dated Gloucester, Thurs-
day afternoon, August 14, 1817.
"There was seen on Monday and on Tuesday morn-
ing playing about our harbor, between Eastern Point
and Ten pound Island, a SNAKE with his head and bo-
dy about eight feet out of water, his head is in perfect
shape as large as the head of a horse, his body is judg-
ed to be about FORTY-FIVE OR FIFTY FEET IN LENGTH,
it is thought he will girt about 3 feet round the body,
and his sting is about 4 feet in length.
While writing the above a person has called in, who
says that there are two to be seen, playing from the
Stage-head into the harbor inside of Ten pound Island.
The spectators are Mr. Charles Smith, Mr. John
Proctor and several others. A number of our sharp
shooters are in pursuit of him but cannot make a ball
penetrate his head, Another party is just going in pur-
suit with guns, harpoons &c. Our small craft is fearful
of venturing out a fishing.
The above can be attested to by twenty different peo-
ple of undoubted veracity."
In addition to this account the Salem Register states,
that the Serpent is extremely rapid in its motions which
are in all directions, that it shews a length of 50 feet;
that a man who discharged his musket within 30 feet of
the Serpent, says its head was partly white and that he
hit it, that a large sum had been offered for it; that "it
appears in joints like wooden buoys on a net rope al-
most as large as a barrel, that musket balls appear to
have no effect on it, that it appears like a string of gallon
kegs 100 feet long."
The editor of the Register quotes an account of a Sea
Serpent seen on the coast in 1746, something like it.
It had a head like that of a horse, and as he moved he
looked like a row of large casks following in a right
line.
The Boston Daily Advertiser in speaking of this
Monstrous Serpent, says—We have seen several letters
from Gloucester, which describe a prodigious Snake
that has made its appearance in Cape-Ann Harbour. It
was first seen by some fishermen, 10 or 12 days ago, but
it was then generally believed to be the creature of the
imagination. But he has since come within the harbor
of Gloucester, and has been seen by hundreds of people.
He is declared by some persons who approached within
10 or 15 yards of him, to be 60 or 70 feet in length,
round, and of the diameter of a barrel. Others state
his length variously, from 50 to 100 feet. His mo-
tions are serpentine, extremely varied, and exceding-
ly rapid. He turns himself completely round almost
instantaneously. He sometimes darts forward, with his
head out of water, at the rate of a mile in 3 minutes,
leaving a wake behind, of half a mile in length. His
head, as large as the head of a horse, is shaped some
what like that of a large dog, is raised about 8 feet
out of water and is partly white, the other part black.
He appears to be full of joints and resembles a string
of buoys on a net rope, as is set in the water to catch
herring. Others describe him as like a string of water
casks. His back is black. Various attempts have
been made, without success, to take him. Four boats
went out on Thursday, filled with adventurous sailors
and experienced gunners, armed with muskets, har-
poons, &c. Three muskets were discharged at him
from a distance of 30 feet, two balls were thought
to hit his head, but without effect. He immediately
after plunged into the water, and disappeared for a
short time, after which he moved off to the outer har-
bor, and was seen no more that night. A number of
persons are employed in making a net of cod-line, of
sufficient size to take him. It is conjectured that he
has resorted to this harbor for the purpose of preying
upon a very numerous shoal of herrings, which have
lately appeared there. If he has been instrumental, as
is supposed, in driving these herring into the harbor,
he has rendered an essential service to the town.
The Salem Gazette of the 19th inst. says, "We are
informed, that on Sunday this creature was seen play-
ing sometimes within 15 or 20 feet of the shore, afford-
ing a better opportunity to observe him than had before
occured. Gentlemen from Gloucester state, that he
appeared to them even of greater magnitude than had
before been represented, and should judge from their
own observation, that he was as much as 150 feet in
length, and as big round as a barrel. They saw him
open an enormous mouth, and are of opinion that he
is cased in shell.

Aug. 22, 1817.

Printed and Sold by Henry Bowen, Devonshire-Street, Boston.

Am 17. Dezember 1819 bedrohte eine rasende Seeschlange den amerikanischen Schoner „Sally". Der Vorfall, der sich angeblich vor Long Island ereignete, war nur einer von mehreren Zusammenstößen mit Meeresungeheuern, von denen in jenem Jahr in Amerika berichtet wurde. Die meisten der Ungetüme sollen 13 bis 15 Buckel auf dem Rücken gehabt haben.

giösem Symbolismus, Effekthascherei und Leichtgläubigkeit verknüpft waren, hatte man sie im allgemeinen ins wissenschaftliche Exil verbannt. Während des 18. Jahrhunderts – dem Zeitalter der Aufklärung – nahmen jedoch Reisen, Handel und Forschung stark zu, was die Art und Weise der Beweisführung grundlegend änderte.

Der erste Augenzeuge moderner Zeit war der skandinavische Missionar Hans Egede. Er galt als Geistlicher mit einem scharfen Blick für Details, einem regen Interesse an Naturgeschichte und einem klaren Verstand – kurzum, er besaß alle Eigenschaften eines über alle Zweifel erhabenen Zeugen. Wie Egede berichtete, hatte er 1734 auf einer Seereise nach Grönland ein Meeresungeheuer beobachtet, und an seiner Beschreibung des Wesens ist der nüchterne, sachliche Ton bemerkenswert.

Nach der Schilderung in Egedes *Beschreibung Grönlands* war die Seeschlange zweifellos riesenhaft und seltsam anzusehen, aber kein archetypisches, feuerspeiendes, menschenfressendes Ungeheuer. Der Kopf des Tieres reichte gerade bis zur Spitze des Mastes; es machte aber nicht den Versuch, ihn zu verschlingen. Der Körper war so bauchig wie das Schiff und drei- bis viermal so lang. Der Geistliche beschrieb das Geschöpf als ein Wesen mit paddelförmigen Tatzen und einem langen, spitzen Maul, das „gleich einem Walfisch" Wasserfontänen ausspie. Der Leib soll, wie es heißt, nicht mit Schuppen, sondern mit einem Panzer aus Muschelschalen bedeckt gewesen sein. Der hintere Teil glich einer Schlange, und der Schwanz war eine Schiffslänge von der dicksten Stelle des Rumpfes entfernt. Insgesamt machte die Beschreibung den Eindruck, als wolle sie informieren und nicht Entsetzen wecken. Aber dennoch wurde sie von Skeptikern nicht als Tatsachenbericht akzeptiert.

Zu Beginn des 19. Jahrhunderts gelangte die Seeschlange für kurze Zeit zu Ruhm und Ansehen. Zwischen dem 6. und 23. August des Jahres 1817 sichteten etwa hundert glaubwürdige Zeugen ein riesiges Meeresungeheuer, das sich im oder beim Hafen von Gloucester in Massachusetts ausgelassen im Wasser tummelte. Allein am 14. August erschien das Ungetüm vor den Augen einer Gruppe von 20 bis 30 Menschen, unter denen sich auch Lonson Nash, der Friedensrichter von Gloucester, befand. An jenem Tag nahmen mehrere Boote die Verfolgung auf, und am späten Nachmittag entdeckte der Schiffszimmermann Matthew Gaffney „das seltsame Meerestier, das an eine Schlange erinnerte". Er näherte sich bis auf zehn Meter, zielte sorgsam mit seinem Gewehr und feuerte direkt auf den Kopf. Als erfahrener Schütze glaubte Gaffney getroffen zu haben, doch die Schlange schien unverletzt. Sie drehte sich ruckartig zu dem Boot um, und einen Augenblick lang fürchteten die Männer, das Ungetüm werde sich auf sie stürzen. Statt dessen aber versank es einfach wie ein Stein, schwamm unter dem Boot durch und tauchte auf der anderen Seite in fast 100 Meter Entfernung wieder auf.

Wie Gaffney in einer späteren Beschreibung meinte, war das Ungeheuer vermutlich glatthäutig, mit Sicherheit dunkelfarbig und an Kehle und Bauchseite weiß. Seine Länge betrug mindestens zwölf Meter, und sein Kopf war so groß wie „ein Vier-Gallonen-Fäßchen". Es bewegte sich in der Vertikalen wie eine „Raupe" und erreichte eine Geschwindigkeit von 30 bis 50 Kilometern pro Stunde.

Dieser und andere Augenzeugenberichte waren das Ergebnis einer gründlichen Untersuchung, die von einer Kommission der Linné-Gesellschaft von Neuengland vorgenommen wurde. In Zusammenarbeit mit der Kommission hatte Friedensrichter Nash einen 25 Punkte umfassenden Fragebogen verfaßt und unter Eid die Aussage einer Reihe von Augenzeugen aufgenommen. Die Mehrzahl der Berichte stimmte im wesentlichen mit der Beschreibung Gaffneys überein, lieferte aber auch einige darüber hinausgehende Informationen. Manche der anderen Zeugen gaben an, das Geschöpf habe zahlreiche Höcker auf dem Rücken gehabt (bis zu zehn) und sei in vertikalen Wellenbewegungen geschwommen. Und der Kopf, der 15 bis 30 Zentimeter aus dem Wasser herausragte, sei dem einer Schlange oder Schildkröte ähnlich gewesen.

Heute sind sich Fachleute jedoch darüber einig, daß es sich bei dem Ungetüm nicht um eine Schlange gehandelt haben konnte. Reptilien können sich weder mit vertikalen Wellenbewegungen fortbewegen noch senkrecht nach unten sinken. Diese Fakten kannte die Linné-Gesellschaft aber offenbar nicht. In der Annahme, es handele sich bei der Seeschlange tatsächlich um eine echte Schlange, stellte sie die Theorie auf, daß Wesen sei zur Küste gekommen, um

Ein kunstvolles Knochen-Puzzle

Im Jahr 1845 lockte die Nachricht von einer angeblichen wissenschaftlichen Sensation New Yorks Bürger in den Apollo Saloon am Broadway. Gegen ein Eintrittsgeld von 25 Cent konnten sie dort ein 35 Meter langes Skelett bestaunen, bei dem es sich nach Angaben des Amateur-Archäologen und Organisators der Ausstellung Albert Koch um die Überreste eines ausgestorbenen Meeresreptils handelte, das er auf einer Forschungsreise nach Alabama entdeckt hatte. Mit seiner schlanken Gestalt, dem geschwungenen Rückgrat und dem drohend erhobenen Kopf ähnelte Kochs Geschöpf auf bemerkenswerte Weise jenen Seeschlangen, die seit zwei Jahrhunderten in amerikanischen Gewässern gesichtet wurden. Und viele Besucher gingen in dem Glauben nach Hause, einen wissenschaftlichen Beweis für die Existenz von Meeresungeheuern gesehen zu haben.

Allerdings kam aber auch der in Harvard ausgebildete Anatom Jeffries Wyman in die Ausstellung. Nachdem er das Skelett sorgfältig untersucht hatte, flog der Schwindel auf. Er stellte fest, daß die Zähne zweiwurzelig waren, was für Säugetiere, nicht aber für Reptilien charakteristisch ist, und wies Koch außerdem nach, daß es sich bei seinem Wunderding in Wirklichkeit um ein Flickwerk aus mehreren Exemplaren eines ausgestorbenen Wals, des Zeuglodons, handelte. Koch hatte zwar geschickt einen Haufen Knochen zusammengesetzt, aber nicht geschickt genug, um das Auge eines Experten zu täuschen.

Ärgerlich bestritt Koch Wymans Aussage, packte seine Schlange ein und nahm sie ins heimische Europa mit, wo er mit seinem Ausstellungsstück durch die Städte zog. Aber sein Ruf war ihm vorausgeeilt, und er wurde von den europäischen Wissenschaftlern mit Spott überhäuft. Am Ende fand sein Schwindel aber doch noch eine gewisse wissenschaftliche Würdigung. Im Jahr 1847 erwarb der preußische König Kochs falsches Skelett für die Königliche Anatomische Sammlung in Berlin.

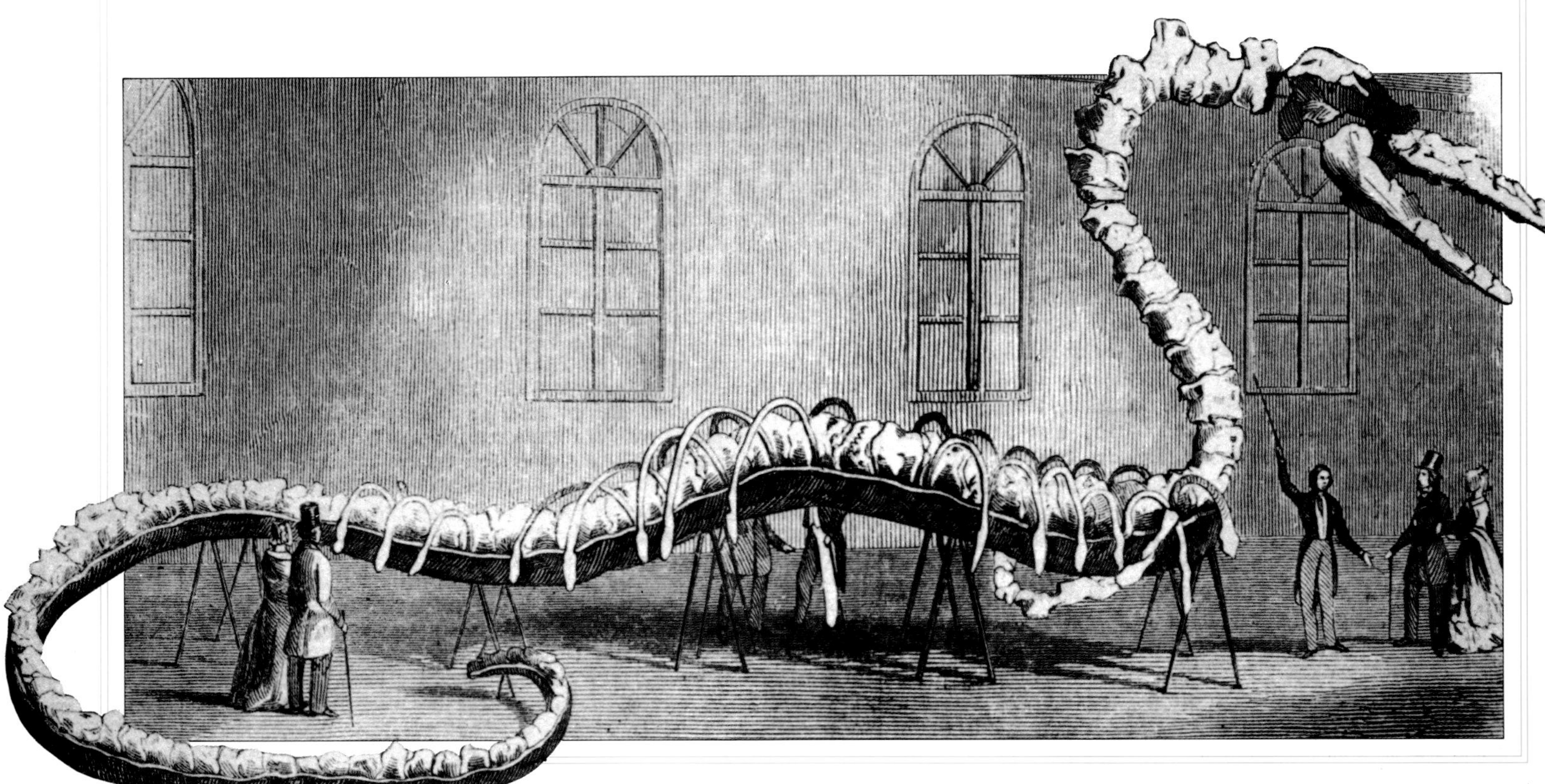

Am Nachmittag des 6. August 1848 hingen Wolken über dem Südatlantik, als eine Seeschlange unter das Heck der „Daedalus" geriet; offenbar hatte das Wesen die Fregatte nicht gesehen. Dieser Stich basiert auf einer Zeichnung, die im Auftrag von Kapitän Peter M'Quhae angefertigt wurde, einem der sieben Augenzeugen.

Eier abzulegen. Zwar wurden nie Eier gefunden, doch entdeckten zwei Jungen ein ungefähr ein Meter langes Tier, das wie eine schwarze Schlange mit Höckern auf dem Rücken aussah. In der Gesellschaft war man – von der Eiablage-Theorie fest überzeugt – über dieses „Seeschlangenbaby" entzückt. Die Mitglieder untersuchten es und tauften es *Scoliophis atlanticus* – atlantische Buckelschlange.

In Europa betrachtete man diese Entdeckung mit äußerster Skepsis. Der französische Zoologe Charles-Alexandre Lesueur fand schnell heraus, daß es sich bei dem *Scoliophis* um genau das handelte, was er zu sein schien, nämlich um eine schwarze Schlange, deren Rückgrat infolge Krankheit oder Verletzung deformiert war. Die internationale Welt der Wissenschaft machte über die Linné-Gesellschaft ihre Witze, und der gesamte Vorfall geriet ins Zwielicht – zum Schaden aller anderen angeblich gesichteten Seeschlangen. Zwar tauchten vor den Küsten Neuenglands und Kanadas immer wieder unbekannte Meereslebewesen auf, aber es dauerte viele Jahre, bevor man sich erneut ernsthaft mit ihnen befaßte.

Der Irrtum der Linné-Gesellschaft war schwerwiegend gewesen, aber kein vorsätzlicher Betrug. Andere „Irrtümer" hinsichtlich Seeschlangen waren da schon weit zweifelhafterer Natur. Im Laufe der Jahre wurde eine leichtgläubige Öffentlichkeit immer wieder von Erfindern falscher Seeschlangen hinters Licht geführt. Doch welche Motive dahinterstanden – ob ihre Schöpfer einfach zuviel Phantasie hatten, Aufsehen erregen wollten, Schabernack trieben oder versuchten, aus seriösen wissenschaftlichen Bemühungen Kapital zu schlagen –, der Schwindel war meist viel zu absurd oder widerspruchsvoll, um einer genauen Prüfung standzuhalten. Den erfolgreichsten und spektakulärsten dieser Versuche unternahm der deutsche Sammler Albert Koch, der 1845 das angebliche Skelett einer Seeschlange ausstellte und auf zwei Kontinenten leichtgläubigen Zuschauern das Geld aus der Tasche zog *(S. 30)*.

Infolge solcher Betrügereien schwand bei ernsthaften Menschen das Interesse an Seeschlangen. Aber dann erschütterte 1848 die Beobachtung einiger Offiziere der britischen Marine die skeptische Haltung vieler Europäer. Am

Am 2. Juni 1877 entdeckten Offiziere und Matrosen der „H. M. S. Osborne" in den ruhigen Wassern vor der Nordküste Siziliens etwas, das sie später als Ungeheuer beschrieben. Ein Augenzeuge fertigte zwei Skizzen von ihm an. Eine zeigt eine Reihe von Flossen (links), die andere eine Ansicht von Hinterkopf, Schultern und Ruderflossen.

6. August jenes Jahres durchschnitt die Fregatte *Daedalus* die Wasser des Südatlantiks nahe dem Kap der Guten Hoffnung an der Südspitze Afrikas, als ein Fähnrich zur See etwas erspähte, das auf das Schiff zu kam. Sofort machte er den Schiffsoffizieren Meldung, und dann beobachteten insgesamt sieben Männer, unter ihnen auch Kapitän Peter M'Quhae, aus nächster Nähe etwas, das alle als riesige Seeschlange beschrieben. Allein der sichtbare Teil des Geschöpfs war, wie sie berichteten, mehr als 18 Meter lang, schien aber nur etwa 40 Zentimeter Durchmesser zu haben. Die Färbung war von dunklem Braun, die Kehle sah gelblichweiß aus, und auf seinem Rücken befand sich eine Art Mähne, die einem Büschel Seetang glich. Obwohl es mit 12 bis 15 Knoten durch das Wasser schwamm, konnte man seltsamerweise keine waagerechte oder senkrechte Wellenbewegung sehen, noch war sonst irgendwie erkennbar, wie sich das Tier fortbewegte. „Anscheinend einen bestimmten Zweck verfolgend", hielt es seinen schlangenartigen Kopf die ganze Zeit einen guten Meter aus dem Wasser gestreckt und wich nicht einmal von seinem Kurs ab.

Als die *Daedalus* in ihren Heimathafen Plymouth zurückkehrte und Berichte über den Vorfall in der Londoner *Times* erschienen, forderten die Lords der Admiralität einen umfassenden Bericht an. Der von M'Quhae verfaßte offizielle Rapport erschien auch in den Zeitungen und erregte großes Aufsehen. War auch die Sichtung für diese Art von Beobachtungen recht typisch gewesen, so waren die Zeugen doch von einmaliger Glaubwürdigkeit. Deshalb griffen die Skeptiker auf ihr altes Argument der Verwechslung zurück, und die kontroversen Meinungen waren noch eine Weile in der Presse nachzulesen.

Jede solche Debatte richtete sich in jener Zeit prinzipiell gegen die Zeugen selbst, auch wenn ihr Ruf über jeden Zweifel erhaben war. Seeleute, Geistliche und gewöhnliche Reisende waren, wie es hieß, in den Regeln der wissenschaftlichen Beobachtung zu unerfahren, um das, was sie sahen, tatsächlich beurteilen zu können. Und obwohl es immer wieder Sichtungen von Meeresungetümen gab, war nie einem Wissenschaftler der Anblick eines solchen Wesens vergönnt gewesen. Diese Argumentation brach jedoch 1905 zusammen, als zwei angesehene Naturforscher und Mitglieder der Zoologischen Gesellschaft in London ein riesiges, unbekanntes Lebewesen sichteten.

Am 7. Dezember jenes Jahres kreuzten die Naturforscher E.G.B. Meade-Waldo und Michael J. Nicoll vor Paraíba in Brasilien an Bord der Jacht *Valhalla*, die dem Earl of Crawford gehörte, als Meade-Waldo in 100 Meter Entfernung eine große, knapp zwei Meter lange „Flosse oder Krause" im Wasser entdeckte. Bei näherem Hinsehen konnte er unter der Wasseroberfläche einen großen Körper erkennen. Gerade hatte er sein Fernglas herausgeholt, da tauchten, wie der Wissenschaftler berichtete, ein riesiger Kopf und Hals aus dem Wasser auf. Der sichtbare Teil des Halses war allein zwei bis zweieinhalb Meter lang und so dick wie „ein schlanker Männerkörper". Der Kopf hatte etwa den gleichen

Umfang und erinnerte an eine Schildkröte, ebenso wie das Auge. Sowohl Kopf als auch Hals waren oben dunkelbraun und auf der Unterseite weißlich. Nicolls Schilderung des Ungeheuers deckte sich mit der von Meade-Waldo, enthielt jedoch einen wichtigen Zusatz. Nach seinem Eindruck hatte es sich nicht um ein Reptil, sondern um ein Säugetier gehandelt, wobei er einräumte, nicht absolut sicher zu sein.

Obwohl sich diese Berichte nur wenig von vielen anderen Beobachtungen von Meeresungeheuern unterschieden, wurden sie von den Wissenschaftlern nicht sofort pauschal verworfen, da die Glaubwürdigkeit und vor allem die Kompetenz der beiden Zeugen von niemandem ernsthaft in Zweifel gezogen werden konnten.

Mit dem Aufkommen von Dampfschiffen, die die Segelschiffe verdrängten, wurde immer seltener von Beobachtungen unbekannter Tiere auf hoher See berichtet. Die Kapitäne waren nun nicht länger der Gnade launenhafter Winde und Meeresströmungen ausgesetzt und wichen nicht mehr von ihrem Kurs auf den festgelegten Routen ab. Einige Kryptozoologen halten es für wahrscheinlich, daß Seeschlangen und andere Ungetüme diese vielbefahrenen Regionen meiden und auf diese Weise der Entdeckung durch Menschen entgehen. Sicherlich wäre der Lärm der Schiffsmaschinen für solche Kreaturen eine hinlängliche Warnung vor drohender Gefahr. Der bekannte norwegische Forscher Thor Heyerdahl sagte einmal: „Zumeist durchpflügen wir (das Meer) mit brüllenden Maschinen und stampfenden Kolben, während das Wasser um unseren Bug schäumt. Und dann kommen wir zurück und sagen, da draußen auf dem Ozean gäbe es weit und breit nichts zu sehen."

Es überrascht deshalb nicht, daß heutzutage die meisten Sichtungen von der Küste aus oder von kleinen Booten in Ufernähe erfolgen. Aus irgendeinem Grund scheinen die modernen Monster die kalifornische Küste besonders zu mögen. Neben den Wesen, die 1983 bei der Stinson Beach und der Costa Mesa gesichtet wurden, hatte Cape San Martin einen geheimnisvollen Besucher, den man Bobo nannte; bei Monterey zeigte sich ein Ungetüm, das Old Man getauft wurde, und auch San Clemente hatte sein Ungeheuer, das sogar das berühmteste von allen wurde.

Zu den ersten Sichtungen kam es zwischen 1914 und 1919, als das Ungetüm etliche Male in den warmen Wassern des Outer Santa Barbara Channel zwischen den Inseln San Clemente und Santa Catalina auftauchte. Im Laufe der Zeit beobachteten

An einem Morgen des Jahres 1905 befanden sich der Naturforscher Michael J. Nicoll und einige Kollegen auf einem Schiff vor der Küste Brasiliens, als sie dieses Lebewesen entdeckten. In der folgenden, mondhellen Nacht wurde es von drei Besatzungsmitgliedern gesichtet. Wie Nicoll behauptete, hatte es sich um die „große Seeschlange" gehandelt, von der schon sooft berichtet worden war.

Mit einem unheilverkündenden Blick schaut die riesige, dunkle Gestalt nach oben, bei der es sich nach Angaben des französischen Photographen Robert Le Serrec angeblich um eine verwundete Seeschlange handelte, die er zufällig entdeckte, als er 1964 mit seinem Boot eine flache australische Bucht durchquerte. Der seltsame Sitz der Augen, den man von keinem Reptil, Säugetier oder Fisch kennt – wie auch Le Serrecs zweifelhafter Ruf – führten schließlich dazu, daß Forscher seine Beobachtung als Schwindel abtaten.

Mitglieder des Anglervereins Tuna Club das Ungeheuer immer wieder, und ihre Berichte machten es berühmt. Ihre Beschreibungen deckten sich so sehr, daß ein Reporter meinte: „Es war beinahe so, als sei eine Plattenaufnahme gemacht worden, und alle Männer hätten die gleiche Platte abgespielt." Ein Skeptiker mag sich fragen, ob die Club-Mitglieder nicht vielleicht endlose Stunden damit verbrachten, über das sensationelle Erlebnis zu plaudern, bis ihre Schilderungen zu einer gemeinsamen Version verschmolzen – doch auf diese Frage gibt es keine Antwort.

Irgendwann zwischen 1914 und 1919 sah auch Ralph Bandini, der Schriftführer des Vereins, das Ungeheuer einmal kurz aus großer Entfernung; 1920 aber konnte er es aus relativer Nähe beobachten. Wie es in Bandinis 1932 erschienenem Buch *Tight Lines* heißt, hatte es mehrere auffallende Merkmale: eine dunkle Farbe, einen langen, dicken, säulenförmigen Hals, eine Mähne, die an feinen Seetang oder dikkes Haar erinnerte, und riesige, hervorstehende Augen. Hals und Kopf ragten drei Meter aus dem Wasser heraus und hatten einen Durchmesser von anderthalb bis zwei Metern. Die runden, hervortretenden Augen waren gut 30 Zentimeter im Durchmesser groß und wirkten auf den Beobachter abschreckend stumpf und leblos.

Wie so viele andere Seeschlangen tauchte auch diese, indem sie senkrecht nach unten sank. Da Bandini nur Kopf und Hals gesehen hatte, konnte er die Gesamtgröße lediglich schätzen. Seiner Meinung nach war das Ungeheuer größer gewesen als der größte Wal.

Während des Zweiten Weltkriegs hielten die meisten Seeleute mehr nach feindlichen Schiffen als nach Seeschlangen Ausschau; während der Dauer der Kampfhandlungen schienen die Kreaturen deshalb vollkommen aus dem Blickfeld verschwunden zu sein. Auch in den ersten Nachkriegsjahren fanden sie kaum noch Erwähnung in den Medien, höchstens einmal als Lückenbüßer. Doch dann erschien Ende 1947 ein Bericht, demnach die *Santa Clara*, ein Dampfer der Grace Lines, eine Seeschlange überfahren und offensichtlich schwer verletzt hatte.

Kurz vor Mittag des 30. Dezember durchkreuzte das Schiff rund 200 Kilometer vor Cape Lookout in North Carolina ruhig die stillen Wasser, als plötzlich nur zehn Meter vor dem Bug ein riesiger Schlangenkopf auftauchte. Zu diesem Zeitpunkt befanden sich drei der Schiffsoffiziere auf der Brücke, und alle drei Männer konnten das Ungetüm genau sehen, bevor das Schiff über es hinwegfuhr. Einen Augenblick später hatten sie das Wesen hinter sich gelassen, das im schäumenden Kielwasser des Schiffes wild um sich schlug. Nach ihrer Beschreibung war es ein riesiges Geschöpf mit einem Kopf von 60 Zentimeter Durchmesser und anderthalb Meter Länge und einem zylindrischen Körper von rund einem Meter Dicke gewesen. Ferner hatte es eine dunkle Farbe gehabt und anscheinend eine glatte Haut.

Wieder einmal war von glaubwürdigen Augenzeugen eine ausführliche Beschreibung abgegeben worden, die offenbar mit früheren, ähnlichen Berichten übereinstimmte. Aber bis in die 60er Jahre galten die einzigen Beweise für die Beobachtungen von Seeungeheuern eben nur als subjektive Schilderungen jener, die behaupteten, die Wesen gesehen zu haben. Doch dann schien 1965 endlich ein handfester Beweis vorzuliegen: Der französische Photograph Robert Le Serrec erklärte nämlich, er habe die ersten echten Aufnahmen von einer Seeschlange gemacht.

Wie Le Serrec berichtete, fand seine Begegnung am 12. Dezember 1964 vor der Küste des australischen Queensland statt. Nach seinen Angaben hatte er damals mit seiner Familie und einem Freund namens Henk de Jong in einem Motorboot die flachen Wasser der Stonehaven Bay überqueren wollen, als seine Frau kaum zwei Meter von der Oberfläche entfernt auf dem sandigen Grund ein riesiges, seltsames Ding entdeckte. Bald wurde offensichtlich, daß es irgendein Lebewesen in Form einer riesigen Kaulquappe mit einem gewaltigen Kopf und einem sich verjüngenden, schlangenförmigen Körper war. Le Serrec machte einige Photos und begann dann mit einer Kamera zu filmen. Als das Boot dicht herangekommen war, konnten die Beobachter auf dem Rücken des bewegungslosen Tieres eine anderthalb Meter große Wunde erkennen und den breiten Kopf deutlicher sehen, der große Ähnlichkeit mit dem einer Schlange hatte.

Mittlerweile waren die Kinder der Le Serrecs sehr verängstigt; die Erwachsenen brachten sie deshalb im Beiboot zum Ufer zurück und setzten dann die Beobachtung des Tieres allein fort. Da es weiter regungslos dalag und offenbar schwer verletzt oder vielleicht sogar tot war, wagten sie

Von der Parson's Beach im englischen Cornwall deutet Anthony Shiels (links) auf eine Stelle in der Falmouth Bay, wo er 1976 die Seeschlange Morgawr gesehen haben will. Im selben Jahr machte eine Frau, die nur Mary F. genannt wurde, angeblich ein Photo von dem berühmten Ungeheuer (unten). Einige Forscher hielten ihre Aufnahme für echt, aber es erregte Verdacht, daß sie sich weigerte, ihren vollen Namen oder ihre Adresse zu nennen und das Negativ zur Untersuchung durch Fachleute freizugeben.

sich noch näher heran. Sie bemerkten zwei weißliche Augen, die merkwürdigerweise oben am Kopf saßen, und braune Streifen, die sich in regelmäßigen Abständen über den erstaunlich langen, schwarzen Körper zogen. Die Le Serrecs und de Jong überlegten, ob sie versuchen sollten, das Tier zu reizen, kamen aber davon ab, da sie fürchteten, es könnte das Boot zerschmettern. Dennoch beschlossen die Männer zu tauchen, um es sich genauer ansehen zu können, der Photograph mit einer Unterwasserkamera und sein Begleiter mit einem Gewehr bewaffnet.

Das Wasser war trüber, als es von oben ausgesehen hatte, und die Taucher konnten das Ungetüm erst genau erkennen, als sie bis auf sechs Meter herangekommen waren. Das riesenhafte Tier hatte eine Länge von etwa 25 Metern, ein mehr als ein Meter breites Maul und fünf Zentimeter große Augen, die sich aus der Nähe betrachtet als blaßgrün erwiesen. Als Le Serrec zu filmen anfing, begann das seltsame Wesen mit einem Mal „in bedrohlicher Weise" sein Maul zu öffnen und zu schließen und drehte sich dann langsam zu den Männern um.

Da das Tier zweifellos entkräftet war, filmte der Photograph noch einen Moment weiter, bevor er und sein Freund die Flucht ergriffen. An Bord des Schiffes stellten sie fest, daß das Wesen verschwunden war. Le Serrecs Frau hatte es ins Meer hinausschwimmen sehen, und zwar in waagerechten Wellenbewegungen, wie sie typisch für einen Aal oder ein Reptil sind, nicht aber für ein Säugetier.

Am 4. Februar 1965 gab Le Serrec seine Geschichte zur Veröffentlichung frei, und sofort erregte sie weltweit Interesse – und natürlich auch Skepsis. Diesmal äußerte sogar der abenteuerlustige, aus Schottland stammende Kryptozoologe Ivan T. Sanderson, Schriftsteller und Naturforscher mit einem breiten Interesse an außergewöhnlichen Lebensformen, ernsthafte Zweifel. Obgleich Le Serrecs Farbphotographien tatsächlich echt zu sein schienen, wurden seine vielgerühmten Filme nicht vor unabhängigen Forschern gezeigt, und Gerüchten zufolge waren sie sehr unscharf und deshalb praktisch nutzlos. Die Beobachtung ließ sich nicht durch irgendein bekanntes Phänomen erklären, und die Forscher mußten die Möglichkeit eines vorsätzlichen Schwindels in Betracht ziehen, die zweifellos bestand. Besonders verdächtig waren nach Ansicht des französischen Kryptozoologen Bernard Heuvelmans die seltsame Position der Augen des Tieres und der Umstand, daß man die Kinder, die den Schwindel vielleicht verraten hätten, fortbrachte. Außerdem lag ein Widerspruch darin, daß sich die Männer zwar gefürchtet hatten, das Tier vom Boot aus zu reizen, nicht aber, sich ihm unter Wasser zu nähern.

Dann kamen Fakten bezüglich Le Serrecs Person ans Tageslicht, die weiter an seiner Glaubwürdigkeit zweifeln ließen. So wurde er von Interpol gesucht, da er 1960 mit seiner gepfändeten Jacht und Geld seiner Segelkameraden, die er zurückließ, aus Frankreich geflüchtet war. Angeblich hatte Le Serrec ihnen gegenüber auch geäußert, er habe „im Zusammenhang mit der Seeschlange" ein großes Ding vor, mit dem er eine Menge Geld verdienen wolle.

Als Le Serrec schließlich 1966 nach Frankreich zurückkehrte, wurde er dort zu einer sechsmonatigen Gefängnisstrafe verurteilt. Doch einige Monate nach seiner Verhaftung brachte die Zeitschrift *Paris Match* sein Farbphoto von der angeblichen Seeschlange, bescheinigte dem Photographen Glaubwürdigkeit und zitierte zwei Experten – Sanderson und einen gewissen Professor Budker – falsch, um Le Serrecs Behauptung zu untermauern. Zwar druckte *Paris Match* nie eine Richtigstellung, doch entlarvte ein Konkurrenzblatt die Beobachtung später als Schwindel.

Wenig später tauchte wieder eine Photographie auf, die die Existenz einer Seeschlange in Großbritanniens Falmouth Bay beweisen sollte – ein Fabeltier aus Cornwall, das anscheinend die Zeitalter überlebt hat, um eines der berühmtesten Ungeheuer moderner Zeit zu werden. „Morgawr" – wie man früher in Cornwall alle Meeresungetüme nannte – zeigte sich angeblich einmal im Jahre 1876 und mindestens zweimal zu Beginn dieses Jahrhunderts, doch waren die Schilderungen der verschiedenen Zeugen sehr ungenau und stimmten zudem nicht überein.

Im Jahr 1975 gab es erneut Wirbel um angebliche Beobachtungen, und im Februar des folgenden Jahres gelang einer Frau, die offiziell nur Mary F. genannt wurde, eine Aufnahme. Sie wurde zusammen mit einer Beschreibung von einem viereinhalb bis fünfeinhalb Meter großen Lebewesen veröffentlicht, das für die Photographin aussah wie „ein Elefant, der seinen Rüssel schwenkt, doch war der Rüs-

Der weltbekannte Kryptozoologe Bernard Heuvelmans hat auf seinem Forschungsgebiet viel veröffentlicht. Zu seinen Büchern gehört „In the Wake of the Sea-Serpents", eine ausführliche Untersuchung über Beobachtungen von Meereslebewesen aus alter Zeit bis in die Gegenwart.

sel ein langer Hals mit einem kleinen Kopf am Ende, der an den einer Schlange erinnerte". Das Tier besaß mehrere Bukkel, die sich „ganz merkwürdig" bewegten, und hatte eine dunkelbraune oder schwarze Haut. Das Photo erweckte nicht den Eindruck einer Fälschung, doch wurde das Negativ nie für eine Untersuchung zur Verfügung gestellt.

Auf den Bühnenmagier und Schausteller Anthony „Doc" Shiels machte die Geschichte von Morgawr so großen Eindruck, daß er sich näher mit den Beobachtungen zu befassen begann. Mit seinem Metier im Hintergrund wurden Shiels Untersuchungsergebnisse aber als äußerst fragwürdig betrachtet. Shiels glaubt, daß es sich bei Meeresungeheuern nicht bloß um unbekannte Tiere handelt, sondern um Wesen, die beispielsweise durch Zauberei und durch Telepathie herbeigerufen werden können. Und tatsächlich versuchten Ostern 1976 drei selbsternannte Hexen erfolglos, Morgawr zu beschwören, indem sie nackt in der Falmouth Bay badeten. Im November des Jahres 1980 behauptete dann Kate Shiels, die Tochter des Bühnenmagiers mit der gleichen, etwas ungewöhnlichen Methode erfolgreich gewesen zu sein.

Wie Shiels sagt, hat auch er das Lebewesen schon verschiedentlich gesehen. Einmal zitierte er es angeblich 1976 herbei, als er sich in Begleitung von David Clark befand, dem Herausgeber der Zeitschrift *Cornish Life*, der vor dem Erlebnis als Skeptiker galt. Seit dem Jahre 1976 haben zahlreiche Menschen – unter ihnen sehr bekannte Bankiers, ein renommierter Kunsthistoriker, mehrere Fischer und Mitglieder eines Filmteams der British Broadcasting Corporation, bezeugt, Morgawr beobachtet zu haben.

Zu den Augenzeugen gehören auch Sheila Bird, Autorin des Buches *Bygone Falmouth*, und ihr Bruder, der australische Wissenschaftler Eric Bird, der damals gerade bei ihr zu Besuch war. Am Abend des 10. Juli 1985 saßen die beiden auf einer Klippe westlich von Portscatho, als Eric verdutzt aufsprang. Unter ihnen im Wasser hatte er ein großes, graugesprenkeltes Geschöpf mit einem langen Hals, einem kleinen Kopf und einem riesigen Buckel entdeckt. Die Geschwister konnten unter der Wasseroberfläche einen langen, muskulösen Schwanz erkennen, der ebenso lang wie der Körper war. Insgesamt schien das Wesen eine Länge von fünf bis sechs Metern zu haben. Es bewegte sich schnell, aber majestätisch durch das Wasser, den Kopf hoch erhoben. Dann tauchte es plötzlich und sank wie ein Stein nach

Fälle von Verwechslung

Es ist nicht völlig auszuschließen, daß es tatsächlich Seeschlangen gibt, doch die Wissenschaft konnte ihre Existenz bisher nicht bestätigen. Naheliegender ist die Möglichkeit, daß ein Augenzeuge ein „lebendes Fossil" gesehen hat – das Überbleibsel einer Tierart, von der man irrtümlicherweise annahm, sie sei schon vor Millionen von Jahren ausgestorben. Am wahrscheinlichsten ist jedoch, daß die vermeintlichen Ungeheuer in Wirklichkeit selten gesichtete, aber wohlbekannte Meereslebewesen sind. Unten sind fünf bekannte Tiere früherer und heutiger Zeit abgebildet, die Ähnlichkeit mit verschiedenen Meeresungetümen haben, von denen berichtet wurde.

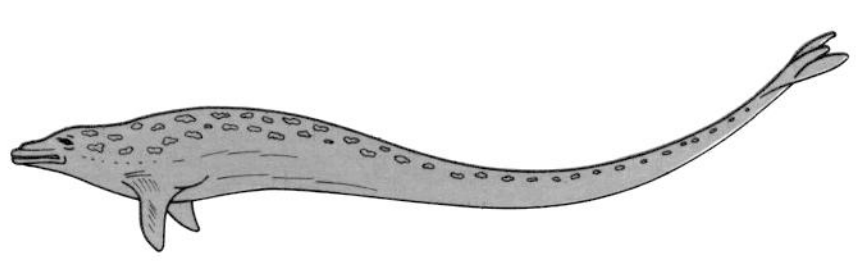

Das ausgestorbene Zeuglodon wurde über 20 Meter lang.

Die Flossen des Bandfischs erinnern an eine Mähne.

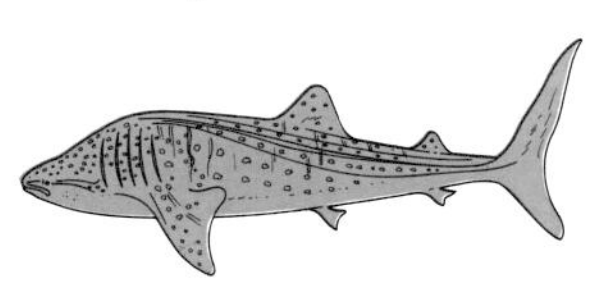

Der riesige Walhai ist völlig ungefährlich.

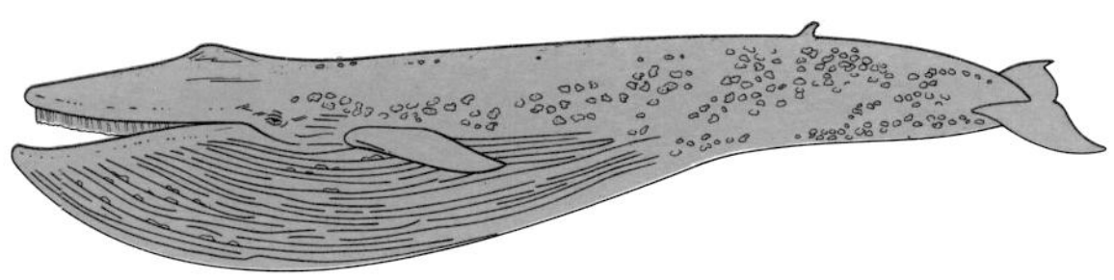

Der Blauwal ist das größte Tier, das man kennt.

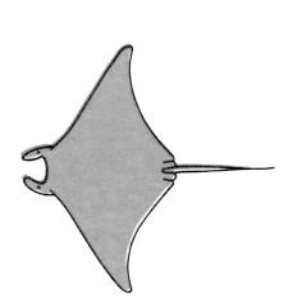

Der Riesenmanta wird zwei Tonnen schwer.

unten. Sheila Bird gab ihre Beobachtungen erst nach anderthalb Monaten bekannt, da sie fürchtete, daß man ihren Bericht sonst als Werbung für ihr Buch ausgelegt hätte.

Obgleich die zahlreichen Zeugenaussagen über das Ungeheuer von Falmouth nicht vollkommen übereinstimmen, ergeben sie zusammen das Bild von einem langhalsigen Wesen mit einem kleinen Kopf und einem oder auch mehreren Buckeln. Für eine Seeschlange ist Morgawr aber zu klein. Wie Sheila Bird haben die meisten Zeugen seine Länge auf vier bis sechs Meter geschätzt.

In Nordamerika ist es in jüngerer Zeit ebenfalls zu solchen Beobachtungen gekommen, und nicht allein an der kalifornischen Küste. So haben Touristen und Einheimische wiederholt davon berichtet, Caddy gesehen zu haben – das sogenannte Ungeheuer von Vancouver Island. Im Jahr 1969 begannen zwei Meeresforscher der University of British Columbia – der Ozeanograph Paul H. LeBlond und der Biologe John Sibert – mit einem Forschungsprojekt, das sich mit Beobachtungen des Seeungeheuers in diesem Gebiet beschäftigte, über die bisher noch nicht berichtet worden war. Die Forscher arbeiteten einen Fragebogen aus und sandten ihn an alle Zeitungen an der Küste British Columbias wie auch an Jachthäfen, Anglervereine und Leuchtturmwärter. Der Rücklauf der Bögen setzte rasch ein.

Typisch für die nüchternen Augenzeugenberichte, die LeBlond und Sibert erhielten, war der von Mrs. E. Stout aus Klamath Falls in Oregon. Wie Mrs. Stout schrieb, war sie im März 1961 mit ihrer Schwägerin und ihren beiden kleinen Söhnen am Strand der Strait of Juan de Fuca, die den Staat Washington von British Columbia trennt, spazierengegangen. Die Spaziergänger beobachteten einen Frachter, und als sich das Schiff entfernte, wurden sie auf etwas aufmerksam, das zunächst wie ein dicker, im Wasser treibender Ast aussah. Plötzlich aber verschwand der „Ast" und tauchte kurz darauf in ihrer Nähe wieder auf. Voller Erstaunen erkannten sie nun, daß es sich offenbar um irgendein seltsames Meereslebewesen handelte. Nach Mrs. Stouts späterer Beschreibung hatte es einen großen Kopf, einen zwei Meter langen Hals mit einer zerzausten Mähne und drei Buckel. Die einzige sichtbare Bewegung des Körpers war das anmutige Heben und Senken des Halses und das Drehen des Kopfes. Mit schwanenartiger Ruhe glitt das Wesen durch das Wasser, tauchte und kam „fast senkrecht" wieder nach oben. Abgesehen von den Buckeln, so erklärte Mrs. Stout, erinnerte das ungewöhnliche Tier sie an „Bilder von pflanzenfressenden Dinosauriern, die in Sümpfen gelebt haben".

Im Jahr 1973 veröffentlichten LeBlond und Sibert die Ergebnisse ihrer Studie. Insgesamt hatten sie 23 Augenzeugenberichte erhalten – angesichts des begrenzten Gebietes der Untersuchung eine beeindruckende Zahl.

Auf der anderen Seite des Kontinents hatten ihrerseits Einheimische in der Gegend der Chesapeake Bay seit dem 19. Jahrhundert immer wieder von dem sporadischen Erscheinen des in der Bucht heimischen Ungetüms berichtet, das Chessie genannt wurde. Ab Mitte der 60er Jahre begann sich das dunkle, schlangenartige Geschöpf regelmäßig zu zeigen, und 1982 wurde es zu einer Art Star, als es in einem dreiminütigen Videofilm erschien, der von Robert Frew aus Maryland aufgenommen worden war.

Am 21. Mai jenes Jahres saßen Frew und seine Frau Karen in ihrem Haus auf Kent Island, von dem aus man die Bucht überschauen konnte, mit Gästen zusammen. Es war etwa 7 Uhr abends, als die Frews und ihre Gäste in ungefähr 200 Meter Entfernung im flachen, klaren Wasser das Ungeheuer entdeckten. Zunächst beobachtete der Gastgeber es durch sein Fernglas, doch dann griff er rasch zu seiner Videokamera und begann vom Fenster seines Schlafzimmers aus zu filmen. Das Ungetüm schwamm auf eine Gruppe von Badenden zu und durchfurchte dabei beständig die Wasseroberfläche. Die Beobachter riefen den Schwimmern zu, um sie zu warnen, doch offensichtlich hörten diese die Rufe nicht. Dann tauchte das Wesen und schwamm unter den Badenden weg, die es nicht einmal bemerkten, als es auf der anderen Seite wieder erschien. Nach Schätzung der Frews war das dunkelbraune, buckelige Geschöpf etwa zehn Meter lang und 30 Zentimeter dick. Aber da immer nur ein Teil des Körpers aus dem Wasser auftauchte, ließ sich die genaue Größe nur schwer schätzen.

Kryptozoologen setzten große Hoffnungen in Robert Frews Videofilm und glaubten endlich einen echten Beweis für die Existenz einer Seeschlange zu erhalten. Am 20. August trafen sich sieben Wissenschaftler der Smithsonian Institution, um den Film zu prüfen. Geleitet wurde die dreistündige Zusammenkunft von dem Reptilienspezialisten George Zug, Vorstandsmitglied der Internationalen Gesellschaft für Kryptozoologie und damaliger Direktor des Department of Vertebrate Zoology an der Smithsonian Institution. Doch der Film erwies sich als nicht überzeugend. Er war unscharf, und der Körper des Tieres war niemals so weit über Wasser sichtbar, daß seine Größe wirklich abgeschätzt werden konnte. Der Film zeigte manchmal „eine spitze Form, bei der es sich vermutlich um das Vorderende handelte, aber es waren weder Augen noch Ohren oder ein Maul zu erkennen". Dennoch hatten, wie Zug berichtete, alle Zuschauer zweifellos den Eindruck, daß es sich um etwas Lebendiges handelte.

Ein gewaltiger Kadaver mit walroßähnlichen Stoßzähnen lockt neugierige Bürger an einen Strand bei Ataqa in Ägypten. Er wurde im Januar 1950 in einem drei Tage währenden Sturm im Golf von Suez an Land gespült, aber Fachleute konnten ihn nicht einwandfrei bestimmen.

In gebührendem Abstand betrachten Schaulustige einen verwesenden Kadaver, der 1925 an einem Strand des kalifornischen Santa Cruz gefunden wurde. Zuerst hielt man ihn für ein gewaltiges Geschöpf mit einem neun Meter langen Hals, einem riesigen Kopf und einem entenähnlichen Schnabel, doch Biologen, die den Schädel später untersuchten, kamen zu dem Schluß, daß es sich um die Überreste eines äußerst seltenen Schnabelwals aus dem Nordpazifik handelte.

Leider konnten die Wissenschaftler aber nicht herausfinden, welche Art von Lebewesen sie da sahen. Wieder einmal schien sich die Seeschlange dem Zugriff der Technik entzogen zu haben. Doch es gibt andere Beweise, die zum Nachdenken veranlassen, Beweise, die das Meer selbst geliefert hat.

Im Laufe der Jahrhunderte haben die Ozeane viele seltsame und geheimnisvolle Dinge an die Strände der Erde gespült. Von diesen war vielleicht keines erstaunlicher oder umstrittener als der riesige Kadaver, der von dem schottischen Bauern John Peace auf Felsen vor der Orkneyinsel Stronsa (heute Stronsay) entdeckt wurde.

Am 26. September 1808 war Peace in seinem Boot zum Fischen hinaus aufs Meer gefahren, als sein Blick auf eine große Schar Vögel fiel, die über den Felsen kreisten. Neugierig ruderte er hinüber, und zuerst glaubte er, daß es sich bei der riesigen, unförmigen Masse, die die Vögel angelockt hatte, um einen großen Wal handelte. Als er jedoch näher kam, bemerkte er, daß es sich um etwas anderes handeln mußte. Das verwesende Ungeheuer besaß mehrere Flossen oder Arme, und als Peace den größten mit seinem Bootshaken anhob, stellte er fest, daß er mit einer Reihe 25 Zentimeter langer Borsten besetzt war.

Als etwa zehn Tage später der Kadaver während eines Sturms an Land gespült wurde, begann Peace mit zwei anderen Einheimischen die seltsamen Überreste gründlich zu untersuchen und sogar verschiedene Teile des Körpers zu vermessen. Das knorpelige Skelett war fast 17 Meter lang. Das Tier hatte einen kleinen Schädel, einen langen Hals und Schwanz, eine struppige Mähne und sechs „Pfoten“, an denen je fünf oder sechs „Zehen“ saßen. Ein weiterer Sturm zerstörte den stark verwesten Kadaver, aber ein ortsansässiger Maler fertigte unter Anleitung der ursprünglichen Zeugen Skizzen von ihm an.

Eine Beschreibung des Tieres gelangte auch in die

Im Jahr 1977 ging dem japanischen Trawler „Zuiyo Maru“ ein riesiger verwesender Kadaver ins Netz. Er wurde photographiert (unten) und gezeichnet (gegenüber), bevor der Kapitän Order gab, den faszinierenden, aber ekelerregenden Fang wieder über Bord zu werfen. Das langhalsige Wesen wog über zwei Tonnen.

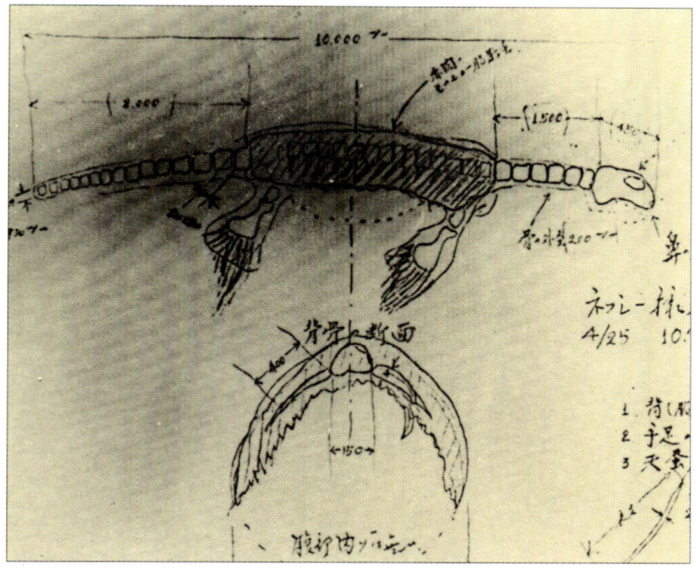

Nach der Skizze eines Augenzeugen auf der „Zuiyo Maru" schien dieses geheimnisvolle Meereslebewesen zweifellos die Gestalt eines Reptils zu haben. Doch weitere Untersuchungen deuteten darauf hin, daß das Tier wahrscheinlich ein Riesenhai gewesen war.

Hände von Patrick Neill, dem Sekretär der Wernerian Natural History Society in Edinburgh. Ohne Zögern erklärte Neill, daß es sich dabei um ein Exemplar jener Kreatur handelte, die Jahrhunderte zuvor schon von dem Skandinavier Hans Egede beschrieben worden war. Noch bevor er die Aussagen der Augenzeugen gehört oder die vorhandenen Beweisstücke gesehen hatte, schlug Neill vor, dem Ungetüm von Stronsa den Namen *Halsydrus* („Meeres–Wasserschlange") *pontoppidani* zu geben, und zwar nur aufgrund eines Berichtes und einiger Zeichnungen von Dr. John Barclay – einem Mitglied der Gesellschaft –, der auf den Orkneyinseln einige Überreste des Wesens gesehen hatte.

Schließlich beschaffte sich der Londoner Arzt und Naturforscher Everard Home alle vorhandenen Informationen, eidesstattlichen Erklärungen und Kadaverstücke. Obwohl sein Ruf nicht ganz einwandfrei war, da man ihn des Plagiats bezichtigt hatte, galt Home dennoch als ein Experte für jenen großen Fisch, den man als Riesenhai bezeichnete. Rasch stellte er fest, daß es sich bei dem Ungeheuer von Stronsa um nichts anderes als um einen solchen Hai handelte. Seiner Meinung hatte die Verwesung dazu geführt, daß der Eindruck eines langen Halses und Schwanzes wie auch einer struppigen Mähne entstanden war. Und die sechs „Pfoten" seien in Wirklichkeit vier Flossen und die beiden Begattungsorgane des männlichen Hais, sagte er. Die angegebene Länge des Wesens tat Home – obwohl die Männer sehr sorgfältig gemessen hatten – als Irrtum ab, denn so groß war kein bekannter Riesenhai.

Dennoch ist die Fachwelt heute weitgehend davon überzeugt, daß Homes Bestimmung des Tieres im großen und ganzen zutraf. Als wichtigster Beweis gilt das Knorpelskelett, da nur Haie und ihre engsten Verwandten ein solches Skelett besitzen; und auch andere Details stimmten. Trotzdem hat es sich Homes nach Ansicht Bernard Heuvelmans vielleicht zu einfach gemacht, als er die Länge des Tieres nicht berücksichtigte – das Ungeheuer von Stronsa mag in Wirklichkeit vielleicht eine unbekannte Haiart gewaltiger Größe gewesen sein. Doch worum es sich bei dem Ungetüm auch immer handelte, fast alle anderen ungewöhnlichen Funde, die über die Jahre hinweg an Land gespült und von Wissenschaftlern untersucht wurden, entpuppten sich als verweste Kadaver bekannter Tiere – zumeist als die von Haien, Walen und Bandfischen. Eine Seeschlange war noch nicht dabei, obgleich der Kadaver, der sich 1977 kurzzeitig in den Händen japanischer Fischer befand, eine solche zu sein schien.

Am 10. April jenes Jahres fischte die Besatzung des japanischen Trawlers *Zuiyo Maru* vor der Küste des neuseeländischen Christchurch, als sich in ihren Netzen ein zwei Tonnen schwerer Kadaver verfing. Die Fischer, die ihn aus 300 Meter Tiefe hievten, entdeckten zu ihrem Erstaunen, daß es sich um ein unbekanntes Tier von zehn Meter Länge handelte, das einen langen Hals und Schwanz sowie vier Flossen besaß. Zum Schaden der Kryptozoologie machten aber der schreckliche Gestank und die tranige Flüssigkeit, die auf das Deck sickerte, einen noch größeren Eindruck auf die Männer. Da diese fürchteten, daß das Tier ihren ganzen Fang an frischem Fisch verderben würde, warfen sie das geheimnisvolle Wesen, nachdem sie es gemessen und photographiert hatten, wieder ins Meer zurück.

Die japanischen Paläontologen waren entsetzt, als sie von diesem enormen Verlust für die Wissenschaft hörten. Nach einer Prüfung der Photographien sowie der Zeichnungen eines gewissen Michihiko Yano, eines leitenden Angestellten des Fischereiunternehmens, der sich an Bord aufgehalten hatte, kamen die Wissenschaftler zu dem Schluß, daß das Wesen vielleicht ein Plesiosaurier gewesen war – ein angeblich schon lange ausgestorbenes Meeresreptil.

Professor Yoshinori Imaizumi vom japanischen Nationalmuseum für Wissenschaft stellte jedenfalls fest, daß die Überreste „weder von einem Fisch noch von einem Wal oder irgendeinem anderen Säugetier" stammten. Seiner Überzeugung nach mußte es sich bei dem Tier um ein Reptil und höchstwahrscheinlich um einen Plesiosaurier gehandelt haben. Nach Imaizumis Ansicht war dies eine wertvolle und wichtige Entdeckung für die Menschen. „Sie scheint zu zeigen", sagte er, „daß diese Tiere [Plesiosaurier] doch nicht ausgestorben sind. Und es kann auch nicht nur ein einzelnes Exemplar überlebt haben. Es muß eine Gruppe existieren." Eine spätere Untersuchung des Falles ließ jedoch eher den Schluß zu, daß es sich bei dem Lebewesen nicht um einen exotischen Plesiosaurier, sondern um einen ganz gewöhnlichen Riesenhai gehandelt hatte.

Aber trotz fehlender handfester Beweise hat die Vielzahl der Augenzeugenberichte zahlreiche Wissenschaftler davon überzeugt, daß Seeschlangen tatsächlich existieren. Doch selbst die Befürworter dieser Theorie sind nicht ganz sicher, wo sie diese Tiere einordnen sollen – wie sie sie beschreiben, erklären und klassifizieren können.

Mit seinen gewissenhaften Forschungen hat der Zoologe Bernard Heuvelmans einen großen Beitrag dazu geleistet, die gesichteten Meeresungeheuer zu ordnen und in Gruppen einzuteilen. Gewiß ist nicht jeder Wissenschaftler – und in der Tat nicht einmal jeder Kryptozoologe – mit seiner Klassifikation einverstanden, doch bei den meisten finden seine umfangreichen Arbeiten Anerkennung. Über einen Zeitraum von zehn Jahren sammelte und analysierte Heuvelmans Daten von 587 Sichtungen, die er in „tatsächliche, wahrscheinliche und erfundene Beobachtungen großer, unbekannter Meereslebewesen, die irgendwie schlangenartig waren", einteilte. Nachdem er Betrug, Irrtümer und ungenaue Beschreibungen ausgesondert hatte, stellte er bei den verbliebenen Exemplaren Charakteristika fest, die auf neun verschiedene Arten von Seeschlangen hindeuteten; er nannte sie Langhals, Meerpferd, Vielbuckler, Vielflosser, Riesenotter, Riesenaal, Meeressaurier, Urschildkröte und Gelbbauch.

Einige Fachleute, zu denen auch Heuvelmans gehört, sind der Ansicht, daß es sich zumindest bei einigen der großen unbekannten Meereslebewesen tatsächlich um riesige Aale handelt. Andere vermuten, das gesuchte Ungeheuer sei das Zeuglodon, auch Basilosaurus genannt, ein primitiver Wal, der angeblich ausgestorben ist, und dessen Überreste im 19. Jahrhundert in einem berühmten Seeschlangen-Schwindel eine tragende Rolle spielten *(S. 30)*. Wieder andere vertreten die Auffassung, es handele sich möglicherweise um ein Mitglied einer unbekannten, in nordischen Gefilden heimischen Riesen-Spezies, die dem langhalsigen Seeleoparden der Antarktis ähnelt. Eine der Theorien, die sich am längsten gehalten haben, besagt, daß die Seeschlange – zumindest die langhalsige Art – ein überlebender Plesiosaurier ist, was ja auch bei dem Kadaver, der den japanischen Fischern ins Netz ging, vermutet wurde. In der Tat hat die Entdeckung des Quastenflossers bewiesen, daß ein vermeintlich ausgestorbenes Lebewesen bis in die heutige Zeit überleben konnte.

Skeptiker neigen natürlich eher dazu, die Berichte über Seeschlangen mit verschiedenen bekannten Phänomenen zu erklären. Die klassische Erklärung, es handele sich dabei um Delphine, die in Linie aus dem Wasser springen, wird von einigen Leuten heute noch vertreten, obwohl es von den spielenden Delphinen eine beträchtliche Präzision erfordern würde, um die Illusion von wellenförmigen Buckeln zu erzeugen. Bei einigen der Beobachtungen soll es sich auch um große Landschlangen, insbesondere Pythons, gehandelt haben, doch selbst wenn diese Tiere die Größe von Seeschlangen erreichen würden und so anpassungsfähig wären, um in nördlichen Breiten zu überleben, könnten sie dennoch nicht in vertikalen Wellenbewegungen schwimmen, wie es die Ungetüme angeblich tun. Eine andere Erklärung lautet, daß das geheimnisvolle Tier in Wirklichkeit ein Bandfisch, oder Heringskönig, ist – ein gewaltiger, schlangenförmiger Fisch von silberner Farbe, mit vom Kopf ausgehenden strahlenförmigen, leuchtendroten Flossen und ruderartigen Bauchflossen. Doch auch wenn der Bandfisch mitunter bis zu zehn Meter Länge erreicht, kann er aufgrund seiner leuchtenden Färbung und seiner horizontalen Wellenbewegungen kaum mit einer Seeschlange verwechselt werden. Die Liste von Theorien, die Seeschlangen mit bekannten Phänomenen erklären, ist nahezu endlos und schließt sogar Baumstämme und Seetang ein.

Und Beweise für die Existenz von Seeschlangen werden nicht leicht zu finden sein, denn die Meeresforschung birgt Schwierigkeiten und Gefahren. Gegen die riesigen Ozeane läßt sich mit den Schiffen und Tauchgeräten der Menschen nicht allzuviel ausrichten. Deshalb sind die Meere und viele ihrer Bewohner für uns trotz aller Technologie noch fast genauso rätselhaft, wie sie es von jeher waren.

Begegnung im Morgengrauen

Seit jener Zeit, als die ersten Seefahrer von ihren Reisen zurückkehrten und von heimtückischen Wesen zu berichten wußten, die in den Tiefen der Meere hausten, hat sich die Existenz von Seeungeheuern im menschlichen Bewußtsein verankert. Und inbesondere ein Geschöpf scheint in sich alle Schrecken der Wasserwelt zu vereinen. Es ist der Riesenkalmar.

Dieser Koloß hat einen gewaltigen, torpedoförmigen Körper, riesige, runde Augen, acht schlangenartige Arme und zwei überlange Tentakel. In Kunst und Literatur war er lange ein beliebtes Motiv, und so zeigen Tongefäße aus dem alten Griechenland Riesenkalmare, die Fischerboote angreifen, und auf japanischen Holzschnitten sieht man die gräßlichen Kreaturen im Kampf mit Walen. Auch bei Aristoteles und Plinius ist der Riesenkalmar erwähnt. In Norwegen besaß der Krake sowohl Eigenschaften des Riesenkalmars als auch des Oktopus.

Obwohl recht häufig von Sichtungen berichtet wurde und sich die Beobachtungen erstaunlich glichen, hielt man den Riesenkalmar bis in die 70er Jahre des letzten Jahrhunderts für ein mythisches Seeungeheuer. Dann fand man aus Gründen, für die die Wissenschaftler keine Erklärung hatten, auf Neufundland nicht weniger als ein Dutzend dieser vielarmigen Wesen. Die meisten von ihnen waren an der Küste gestrandet, und einige wurden von Experten untersucht und bestimmt. Eine unerwartete Begegnung im Jahre 1873 lieferte dann drei Fischern und der wissenschaftlichen Welt den Beweis dafür, was Generationen von Seefahrern schon immer gewußt hatten – der Riesenkalmar existierte nicht nur, sondern konnte auch zu einer tödlichen Bedrohung werden. Auf den folgenden Seiten ist die haarsträubende Geschichte jener Fischer und ihr schrecklicher Kampf mit diesem Meeresungeheuer dargestellt.

Es geschah kurz vor Tagesanbruch am 26. Oktober 1873. Die Luft war kühl und feucht, und der Hafen von St. John's an der Südostspitze Neufundlands war in Nebel gehüllt. Warm in dicke Wolljacken und Ölzeug eingepackt, hatten sich die beiden erfahrenen Fischer Daniel Squires und Theophilus Piccot aufgemacht, um in einer nahen Bucht auf Heringsfang zu gehen. An der Pier gesellte sich Piccots zwölfjähriger Sohn Tom zu ihnen, der unbedingt das Handwerk des Vaters erlernen und mitfahren wollte.

Das Trio bestieg ein Dory – ein flaches Boot von etwa sechs Meter Länge – und ruderte ein Stück hinaus in die Conception Bay, um die Netze auszuwerfen. Aber bald fiel das Auge der Fischer auf etwas, das sie zunächst für einen Algenteppich hielten, doch als das Boot näher herankam, erkannten sie, daß die formlose Masse mitnichten das war, als was sie zunächst erschien.

Das Ding war glatt und glänzend und hatte eine rötlichviolette Farbe. Wenngleich die Fischer überlegten, ob es sich bei der ruhig dahintreibenden Gestalt vielleicht um den Körper eines Meereslebewesens handeln könnte, kam in diesem Moment offenbar keiner der drei auf den Gedanken, daß sie gerade auf einen Riesenkalmar starrten.

Einer der Männer stieß mit einem Bootshaken nach dem seltsamen Ding, und plötzlich verwandelte es sich in einen Kranz aus acht langen, dicken Armen, die mit Saugnäpfen besetzt waren und nun aus dem Wasser heraus und durch die Luft schossen. In ihrer Mitte befanden sich ein langer, papageienähnlicher Schnabel und tellergroße Augen. Zwei schlangenartige Tentakel, doppelt so lang wie die anderen Arme, fuhren durch das schäumende Wasser auf das Dory zu. In nur wenigen Sekunden hatte der Riesenkalmar seine Beute mit einem muskulösen Tentakel umschlungen und zog das kleine Boot zu seinem weit aufgesperrten Maul hin.

Der Riesenkalmar umklammerte das Boot nun auch noch mit einem sich windenden Arm und begann es in die Tiefe zu ziehen. Während das Wasser in ihr Boot strömte, schlugen die verzweifelten Fischer mit ihren Rudern auf das Ungeheuer ein und schöpften mit einem Eimer Wasser heraus. Dann ergriff der junge Tom Piccot ein Beil. Wild hackend gelang es ihm, Arm und Tentakel abzutrennen, die das Dory umschlangen; sofort ließ das Ungeheuer, dicke Wolken tintenartiger Flüssigkeit ausstoßend, von ihnen ab.

Die Fischer ruderten eilends an Land, während sich die abgehackten Arme des Kalmars immer noch an ihr Boot klammerten. Wieder in den sicheren Hafen zurückgekehrt, zeigten die drei die unanfechtbaren Beweise ihrer Begegnung. Der Tentakel maß sechs Meter, und dabei handelte es sich offenbar nur um ein Stück des ganzen Fangarms. Der andere Arm wurde unglücklicherweise von Hunden fortgeschleppt, bevor er gemessen werden konnte.

Tiermenschen

Wenn man Märchen und Legenden Glauben schenkt, dann bevölkerten vor langer Zeit viele geheimnisvolle und wundersame Geschöpfe die Erde. Und zu den faszinierendsten jener Kreaturen gehörten diejenigen, die halb Mensch und halb Tier waren.

Mit diesen Wesen haben sich auch viele Gelehrte befaßt. Einige glauben, sie seien den Ängsten und Nöten der frühen Menschen entsprungen, andere weisen dagegen darauf hin, daß die Menschen eines Tages begannen, Tiere anzubeten, deren Stärke oder Schläue sie am meisten fürchteten oder bewunderten; diesen Tiergottheiten hätten sie dann menschliche Eigenschaften zugeordnet. Die Gestaltwandelung wurde wahrscheinlich noch durch das Bestreben verstärkt, die Taten des jeweiligen Tiergottes darzustellen. So erhielt vielleicht ein Kriegsgott Menschenarme, mit denen er einen Speer schleudern konnte.

Einige Legenden gehen vermutlich auf Begegnungen mit unbekannten Tieren oder fremdartigen Menschen in fernen Ländern zurück, andere mögen Produkte der Phantasie sein. Doch was auch immer ihre Ursprünge sind, so waren Tiermenschen in allen Kulturen der alten Welt bekannt. Die folgenden Seiten zeigen eine Auswahl dieser merkwürdigen und schrecklichen Gestalten.

Auf einem türkischen Relief, das etwa aus dem 10. Jahrhundert v. Chr. stammt, findet sich dieses Wesen. Es hat das Haupt und den Rumpf eines Löwen, einen Menschenkopf, Flügel und den Schwanz einer Schlange, und es wurde vermutlich nach dem Vorbild der ägyptischen Sphinx geschaffen. Das feuerspeiende Ungetüm soll den Palast des Monarchen bewacht haben.

Diese japanische Zeichnung zeigt eine schlangenähnliche Meerjungfrau, die angeblich noch 1820 gesehen wurde. Sie soll die Botin einer Schlangenprinzessin sein, die auf dem Meeresgrund lebt.

Sagenhafte Bewohner der Tiefe

Wie alte ägyptische Legenden erzählen, tauchten aus den Fluten des Nils einmal ein Wassermann und eine Nixe auf, die auf diesem Stich aus dem 17. Jahrhundert dargestellt sind. Die beiden verliebten Fischmenschen hatten Schwimmhäute zwischen den krallenartigen Zehen, was man sonst bei wasserbewohnenden Fabelwesen nicht findet.

„Mönchsfisch" und „Bischofsfisch", zwei Kreaturen, die an Kirchenmänner erinnerten, sollen während des 16. Jahrhunderts vor den Küsten Europas gesichtet worden sein.

Dieses Gemälde aus dem 19. Jahrhundert stellt die alte Legende dar, nach der wollüstige Meerjungfrauen Jünglinge betörten. Wie es hieß, lockten sie die jungen Männer mit dem Versprechen auf verbotene Vergnügungen zu sich, um sie dann zu verschlingen oder auf dem Meeresgrund gefangenzuhalten.

Halbmenschen zu Lande

Dieses Motiv auf einer griechischen Vase aus dem 6. Jahrhundert v. Chr. zeigt, wie der Krieger Theseus den Minotaurus tötet, der angeblich der Nachkomme eines weißen Stiers und der Gemahlin des kretischen Königs Minos war. Dieses menschenfressende Ungeheuer soll einen menschlichen Körper und den Kopf eines Stieres gehabt haben.

Im alten Ägypten soll der schakalköpfige Gott Anubis – hier eine Bronzestatue aus der ptolemäischen Zeit (332–30 v. Chr.) – die Einbalsamierung der Mumien beaufsichtigt und die Gräber der Toten bewacht haben. Anubis gehörte auch zu den Richtern der Verstorbenen, und er wog ihre Herzen mit der Feder der Wahrheit auf, um festzustellen, wer die ewige Seligkeit des jenseitigen Lebens verdiente.

Dieser Holzschnitt aus dem 17. Jahrhundert stellt die Lamia aus der griechischen Mythologie dar. Sie hatte Kopf und Brüste einer Frau und soll Männer und Kinder verspeist haben.

Auf den Andamanen, einer Inselkette vor der Küste Burmas, traf Marco Polo angeblich auf eine Rasse hundeköpfiger Menschen. Wie er berichtete, waren es ungemein grausame Wesen, die jeden, den sie fangen konnten, fraßen.

Der griechische Satyr, ein zottiger, bocksfüßiger Waldgeist, spielt auf dieser Zeichnung aus dem 17. Jahrhundert eine lange Flöte. Wenn diese ausgelassenen Wesen nicht schliefen oder musizierten, vertrieben sie sich ihre Zeit mit Nymphen.

Als der Kentaur Cheiron, ein Mischwesen aus Mensch und Pferd, von einem vergifteten Pfeil niedergestreckt wurde, soll der griechische Gott Zeus, wie die Legende berichtet, nach seiner Gestalt das Sternbild des Schützen in den Himmel geprägt haben.

Fabelwesen der Lüfte

Die Harpyien der griechischen Mythologie hatten Vogelleiber, Klauen und Frauengesichter und sollen all jene bedroht haben, die den Mißfallen der Götter erregten.

Mit ausgebreiteten Flügeln kniet Maat, die ägyptische Göttin der Wahrheit und Gerechtigkeit, über dem Eingang des Grabes von Nofretari, der Gemahlin von Pharao Ramses II.

Dieses männliche Wesen mit Flügeln und Habichtskopf, das in seiner Hand eine Tasche hält, ziert ein Ohrring aus dem alten Peru. Wie man annimmt, handelt es sich um einen als Vogel verkleideten Boten oder um einen Gott.

Die griechische Sphinx hauste vor der Stadt Theben auf einem Felsen und tötete alle, die vorüberkamen und ihr Rätsel nicht lösen konnten. Sie hatte einen Löwenleib, Adlerflügel und einen Frauenkopf. Diese Statue entstand um 570 v. Chr.

Dieses adlerköpfige Wesen aus der assyrischen Sagenwelt findet sich auf einem Marmorrelief, das um 900 v. Chr. geschaffen wurde. Es soll ein freundlicher Schutzgeist gewesen sein, doch kommen in den Legenden auch viele böse Geister vor, die Zwietracht säten und die Menschen zu bösen Taten anstifteten.

KAPITEL 2

Nessie und ihre Verwandten

Umgeben von zerklüfteten Bergen, Wäldern und Wiesen liegt, eingebettet ins schottische Hochland, der Loch Ness. Mit einer Länge von nur etwa 36 Kilometern und nicht einmal zwei Kilometer Breite, aber einer Tiefe, die an mehreren Stellen mehr als 200 Meter beträgt, ist dieser See seinem Wasservolumen nach das drittgrößte Binnengewässer Europas – und das bei weitem geheimnisvollste. Denn in jenen eisigen Wassern, die der torfige Boden dunkel und fast undurchsichtig macht, soll ein riesiges Ungeheuer hausen.

Zu den vielen Menschen, die an die Existenz des Ungeheuers glauben, gehört auch Hugh Ayton. Es war an einem ruhigen Augustabend des Jahres 1963, als Ayton mit seinem Sohn und drei anderen Männern am Rande des Sees nahe dem Dorf Dores ein Feld pflügte. Plötzlich, etwa um halb acht, entdeckte der Sohn etwas, das sich durch den See bewegte. „Es war groß und schwarz", sagte Ayton später. „Der See lag ruhig und still da. Kein Laut war zu hören. Nur dieses Ding bewegte sich unablässig vorwärts."

Plötzlich begriffen die Männer, daß das, was sie da beobachteten, „das Ungeheuer" aus den Sagen um den Loch Ness war. Augenblicklich rannten sie zu einer nahe gelegenen Anlegestelle, und vier der Männer sprangen in ein kleines Ruderboot mit Außenbordmotor, um dem Wesen nachzusetzen. „Das Ding kam immer noch den See herunter", erinnerte sich Ayton, „und als wir uns näherten, konnten wir es genauer erkennen. Da war ein langer Hals, der etwa zwei Meter aus dem Wasser ragte, und ein Kopf, der mich an ein Pferd erinnerte, obgleich er größer und flacher war. Der Körper war insgesamt zehn bis zwölf Meter lang, über einen Meter hoch und trug drei flache Buckel. Er hatte eine dunkle Farbe, und die Haut sah rauh aus."

Die Männer waren etwa 50 Meter von dem Tier entfernt, „als es sich ein Stück aus dem Wasser reckte und dann tauchte, wobei es das Wasser so aufwühlte, daß sich das Boot im Kreise drehte". Einige Sekunden später kam der Kopf etwas weiter entfernt wieder an die Oberfläche, und dann verschwand das Tier endgültig. „Etwas, an das ich mich immer erinnern werde, ist das Auge", sagte Ayton, „ein ovales Auge, das fast auf dem Kopf saß. Ich werde nie vergessen, wie uns das Auge anschaute."

Die Chroniken verraten nichts darüber, wann erstmals ein Seeungeheuer gesichtet wurde oder wer ihm begegnete. Wassergeister und ähnliche Wesen finden sich seit vielen Jahrhunderten in den Legenden des schottischen Hochlandes. So soll im Jahre 565 der heilige Columba, ein irischer Missionar, Bürgern einer Stadt am Fluß Ness begegnet sein, die einen Mann bestatteten, der von einem Ungeheuer übel zugerichtet worden war. Und wie es heißt, rettete der Heilige einen anderen Schwimmer davor, von einem Wesen angegriffen zu werden, welches als „ein sehr seltsames Geschöpf, das wie ein riesiger Frosch aussah, aber doch kein Frosch war" beschrieben wurde. Und das Ungetüm hätte die unglückliche Seele verschlungen, wenn ihm nicht der Heilige befohlen hätte: „Wag' dich nicht näher und rühre diesen Mann nicht an. Hinweg mit dir!" Angeblich kam das Ungeheuer bis auf 15 Meter an den Mann heran, tauchte dann aber unter, ohne ihm Leid zuzufügen. Dennoch scheint sich keiner dieser spektakulären Vorfälle im Loch Ness selbst zugetragen zu haben.

Die alten Schotten nannten diese Kreaturen Wassergeister, Wasserpferde, Wassertiere oder einfach Geister, und Mütter warnten ihre Kinder eindringlich davor, zu nahe an den Ufern von Flüssen oder Seen zu spielen. Solch ein Ungeheuer konnte die Gestalt eines Pferdes annehmen, über Land galoppieren und Kinder dazu verleiten, auf seinen Rücken zu klettern, um sich dann mit seinen hilflosen kleinen Reitern zurück in die Tiefen zu stürzen.

Eine der ersten Beobachtungen der modernen Zeit soll 1880 gemacht worden sein. Damals untersuchte Duncan McDonald, ein erfahrener Fährmann auf dem Loch Ness, ein Boot, das im See gesunken war. McDonald war gerade dabei, das Wrack zu inspizieren, als er auf einmal ungestüm Zeichen gab, um nach oben gezogen zu werden. Mit bleichem Gesicht, am ganzen Leibe zitternd und vor Angst stotternd, stammelte er schließlich, er habe in dem düsteren Wasser ein Ungeheuer gesehen. Ein Auge des Wesens hatte er genau erkennen können, und nach seiner Beschreibung war es „klein, grau und böse" gewesen. In einigen Berichten heißt es, McDonald sei nie wieder in den See gegangen. Seitdem ist von etwa 3000 Beobachtungen berichtet worden, die vom Ufer oder von Booten aus und zu jeder Stunde des Tages gemacht wurden. Manche Berichte waren vage, andere außerordentlich detailliert, und sie stammten von völlig unterschiedlichen Menschen, die entweder allein waren oder sich in Gruppen von 20 und mehr Personen aufhielten, unter ihnen Bauern, Priester, Fischer, Rechtsanwälte, Polizisten und Politiker. Selbst ein Chemiker und Nobelpreisträger war dabei – der Engländer Richard L. M. Synge, der das Geschöpf 1938 sichtete. Suchaktionen, die Millionen verschlangen, wurden im Loch Ness durchgeführt, Forscher haben Monate damit zugebracht, den See mit Ferngläsern abzusuchen, Mini-U-Boote wurden in seine Tiefen entsandt und seine düsteren Wasser mit Kameras und Sonargeräten durchsucht. Ein Forscher schätzte einmal, daß auf jede Sichtung des Ungeheuers 350 Stunden systematischer Suche gekommen sind, deren Ergebnis ein riesiger Bücherberg ist. Einige der Bücher zogen das Ganze durch den Kakao, andere schlugen sich tapfer für „Nessie", wie das Ungetüm im Laufe der Zeit genannt wurde, denn aus irgendeinem Grund hält man es für weiblich.

Dennoch hat der See weder einen alten Knochen noch ein Gewebestück oder einen anderen handfesten Beweis für die Existenz des Ungeheuers preisgegeben. Abgesehen von der Flut von Augenzeugenberichten, bestehen die Beweise allein aus einer Handvoll verschwommener, zweifelhafter Photos und Filme sowie einigen umstrittenen Sonarortungen. Trotz eifriger Bemühungen ist man einer Lösung des Rätsels von Loch Ness und seinem geheimnisvollen Bewohner keinen Schritt näher als an jenem Tag des Jahres 1880, als Duncan McDonald von der drohenden Gestalt, die er in den düsteren, torfgetrübten Wassern zu sehen glaubte, zu Tode erschreckt wurde.

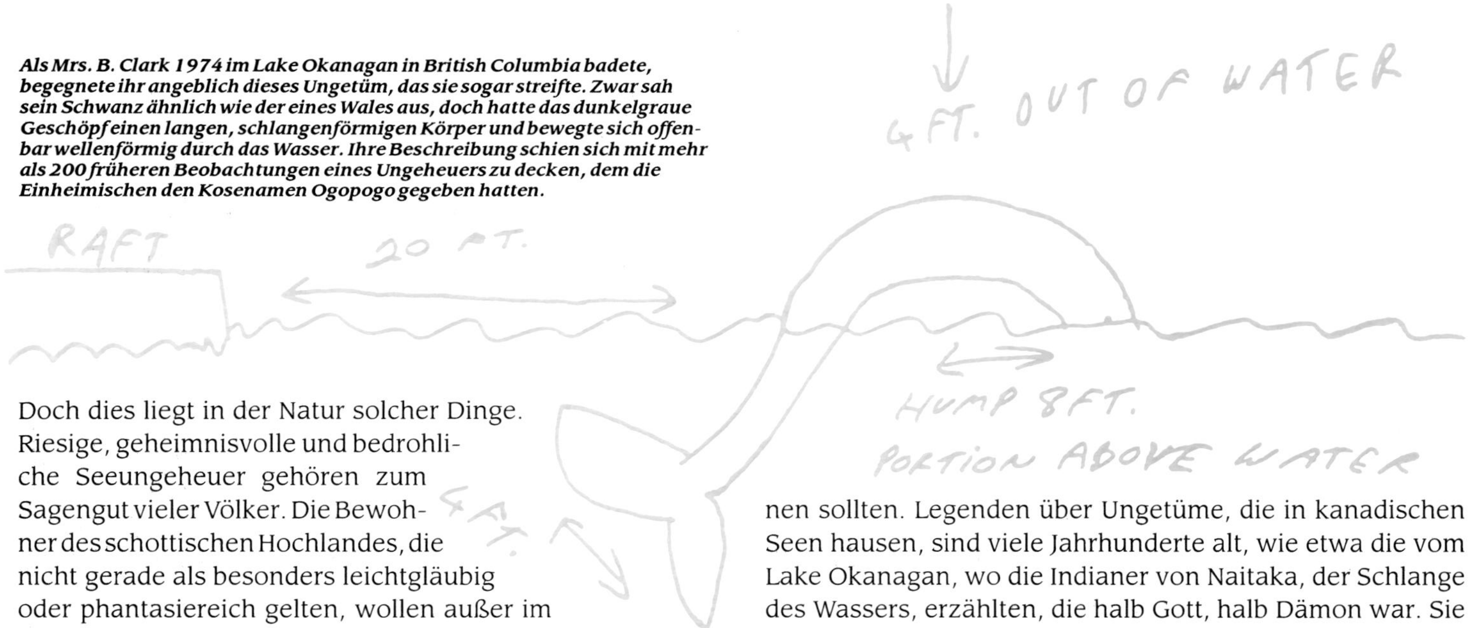

Als Mrs. B. Clark 1974 im Lake Okanagan in British Columbia badete, begegnete ihr angeblich dieses Ungetüm, das sie sogar streifte. Zwar sah sein Schwanz ähnlich wie der eines Wales aus, doch hatte das dunkelgraue Geschöpf einen langen, schlangenförmigen Körper und bewegte sich offenbar wellenförmig durch das Wasser. Ihre Beschreibung schien sich mit mehr als 200 früheren Beobachtungen eines Ungeheuers zu decken, dem die Einheimischen den Kosenamen Ogopogo gegeben hatten.

Doch dies liegt in der Natur solcher Dinge. Riesige, geheimnisvolle und bedrohliche Seeungeheuer gehören zum Sagengut vieler Völker. Die Bewohner des schottischen Hochlandes, die nicht gerade als besonders leichtgläubig oder phantasiereich gelten, wollen außer im Loch Ness noch in mehr als einem halben Dutzend anderer schottischer Gewässer Ungeheuer ausgemacht haben. Und wirklich ist in den letzten Jahren neben dem Loch Ness noch ein anderer See ins Interesse der Öffentlichkeit gerückt, der Loch Morar, in dem ein Geschöpf wohnen soll, das Morag genannt wird. Auch in skandinavischen, irischen, sibirischen und afrikanischen Seen sind Ungeheuer gesichtet worden. Und nach den Augenzeugenberichten zu urteilen, hat das Ungeheuer von Loch Ness auch in Nordamerika Verwandte. So ist der 175 Kilometer lange Lake Champlain, der die amerikanischen Bundesstaaten New York und Vermont verbindet und bis nach Quebec hinaufreicht, die Heimat von Champ, der mehr als 200mal gesichtet und einmal angeblich auch gefilmt wurde.

Einigen Berichten zufolge hatte der französische Forscher Samuel de Champlain möglicherweise bereits im 17. Jahrhundert in dem See, der seinen Namen trägt, ein seltsames Wesen entdeckt. Doch zu den ersten Sichtungen eines Geschöpfes, das unzweifelhaft von der Art Champs war, kam es erst im Sommer 1819, als ein Schiffer angeblich eine langhalsige Kreatur sah, die ihren Kopf fast fünf Meter aus dem Wasser herausstreckte. Es folgten ähnliche Beobachtungen, und gegen Ende des 19. Jahrhunderts hatte sich ein solches Interesse an Champ entwickelt, daß der Zirkusimpresario P. T. Barnum auf das tote oder lebendige Ungeheuer eine hohe Summe aussetzte. Damals erhob niemand Anspruch darauf. Im Jahre 1977 aber machte eine Urlauberin ein Photo, auf dem man einen Kopf und einen langen Hals zu sehen scheint, der sich aus den Wassern des Sees erhebt *(gegenüber)*. Und in den 80er Jahren hielt man es in Vermont und New York für klug, Maßnahmen zum Schutze von Champ zu ergreifen, die sicherlich nicht zuletzt der Ankurbelung des Tourismus dienen sollten. Legenden über Ungetüme, die in kanadischen Seen hausen, sind viele Jahrhunderte alt, wie etwa die vom Lake Okanagan, wo die Indianer von Naitaka, der Schlange des Wassers, erzählten, die halb Gott, halb Dämon war. Sie fürchteten Nataika so sehr, daß sie jedesmal, wenn sie den See überquerten, Opfer wie lebende Schweine und Hühner hineinwarfen. Mitte der 50er Jahre des letzten Jahrhunderts soll einmal ein gewisser John MacDougall den See überquert haben, während seine beiden Pferde, mit Seilen an sein Kanu gebunden, hinter ihm herschwammen. Sonst hatte MacDougall gemäß dem indianischen Brauch stets ein oder zwei Tiere ins Wasser geworfen, um das bösartige Wesen, das dort vielleicht leben mochte, zu besänftigen, doch aus unbekannten Gründen versäumte er es diesmal. Und wie die Geschichte erzählt, begann auf einmal eine unsichtbare Kraft die Pferde nach unten zu zerren und hätte auch das Kanu in die Tiefe gezogen, wenn MacDougall nicht ein Messer hervorgeholt und die Tiere losgeschnitten hätte, um dann ans Ufer zu paddeln.

Trotz – oder vielleicht gerade wegen – solcher Geschichten tat man das Ungeheuer vom Lake Okanagan zumeist als Aberglaube der Einheimischen ab, bis in den 20er Jahren dieses Jahrhunderts wiederholt von Sichtungen berichtet wurde. Alle Berichte ließen vermuten, daß das Tier harmlos war, und die anfängliche Furcht verwandelte sich rasch in eine seltsame Art der Zuneigung. Einheimische gaben dem Wesen den Namen Ogopogo, und 1983 bot der örtliche Fremdenverkehrsverein für den Beweis von Ogopogos Existenz eine Million Dollar. Gewiß war dieses nicht ganz ernstgemeinte Angebot, das auch bald wieder fallengelassen wurde, zur Belebung des Tourismus gedacht gewesen, aber nach Ansicht des Vereins bestand zweifellos zumindest eine geringe Chance, daß jemand die Belohnung in Anspruch nehmen würde. Und deshalb hatte man sich bei Lloyds in London gegen diesen Fall versichert.

Aber nicht jeder konnte mitlachen. So erzählte 1987 eine Kanadierin, die nur Mrs. B. Clark genannt werden wollte, endlich doch noch von einer gefährlich nahen Begegnung mit dem Ungeheuer, die 13 Jahre zurücklag. Sie war damals gerade zu einer etwa 400 Meter vom Ufer entfernten Plattform geschwommen, „als etwas Großes und Schweres gegen meine Beine stieß". Sie brachte sich auf dem Floß in Sicherheit und beobachtete das Etwas. „Ich konnte einen Buckel oder Höcker von etwa zweieinhalb Meter Länge sehen, der über einen Meter aus dem Wasser ragte und vorwärtsschwamm", sagte sie. Die Kreatur war sieben bis neun Meter lang und bewegte sich „irgendwie ‚buckelnd' wie eine riesige Spannerraupe" fort.

Doch auf jede bekanntgewordene Sichtung von Champ oder Ogopogo kommen ein Dutzend Beobachtungen des Ungeheuers von Loch Ness. Und deshalb sind über Jahrzehnte hinweg jeden Sommer viele enthusiastische Monsterjäger an den Loch Ness gereist, um ihr Glück zu versuchen. Wie die Geologen sagen, entstand der Loch Ness während der letzten Eiszeit vor 10 000 bis 20 000 Jahren, als eine große Gletscherzunge das Bett des Sees in die Erdkruste fräste. Die schottischen Hochländer allerdings haben eine wundersamere Erklärung für den Loch und seinen Namen. In früheren Zeiten, so geht die Sage, befand sich an der Stelle des Sees ein paradiesisches Tal mit einem Brunnen, der von einem Druiden gesegnet worden war und dessen Wasser jede Krankheit heilen konnte. Doch wie die meisten Paradiese war das Tal der ständigen Bedrohung ausgesetzt, zerstört zu werden. Der Druide hatte die Menschen ermahnt, immer, wenn sie Wasser geholt hatten, sofort wieder den schützenden Stein auf den Brunnen zu legen.

Lange leisteten sie dieser Anweisung Folge, doch dann geschah es eines Tages, daß eine Frau zum Brunnen ging, die ihr Baby neben der Feuerstelle ihres Hauses zurückgelassen hatte. Kaum aber hatte sie den Stein entfernt, da hörte sie ihr Kind aufschreien. Sie stürzte nach Hause zurück und rettete es vor einem brennenden Scheit, aber sie

Im Juli 1977 will Sandra Mansi gesehen haben, wie aus den Wassern des Lake Champlain Kopf und Hals eines seltsamen Lebewesens auftauchten. Daraufhin machte sie diesen heute berühmten Schnappschuß, von dem einige glauben, er zeige jenes Seeungeheuer, das Champ genannt wird. Experten hielten das Photo für echt, aber da das Negativ verlorenging, wollten Skeptiker einen Schwindel nicht ausschließen.

Urquhart Castle, das Schottlands bekannten Loch Ness überblickt, scheint der geeignete Ort, um Nessie zu beobachten, jenes berühmte

Ungeheuer, das in dem See hausen soll. Doch in den Burgdokumenten der letzten fünf Jahrhunderte ist es mit keinem Wort erwähnt.

hatte den Brunnen nicht wieder abgedeckt, und seine Wasser fluteten in das Tal. Die Menschen flüchteten sich in die Berge, wo ihr Wehklagen die Luft erfüllte: *Tha loch 'nis ann!* – „Jetzt ist da ein See!" So entstand der Name Loch Ness.

Der Glaube, daß ein alter Fluch auf dem Loch Ness lastet, ist leicht verständlich. Eingebettet im Great Glen, einer Grabensenke, die Schottland von Fort William im Süden bis Inverness im Norden zerteilt, ist der See heftigen Winden ausgesetzt. War in einem Moment seine Oberfläche noch glatt wie ein Spiegel, wird sie im nächsten zu zweieinhalb Meter hohen Wellen aufgewühlt. Und seit Jahrhunderten heißt es, der Loch Ness gebe seine Toten nie wieder frei. Tatsächlich ist die Temperatur am Grund so niedrig, daß Leichen von den tierischen Bewohnern des Sees vertilgt werden können, bevor Gase entstehen, die den Körper an die Oberfläche steigen lassen.

In diesem Jahrhundert gab es zwei Todesfälle, die seinen düsteren Ruf untermauerten. So ertrank 1932 die Frau eines Bankiers bei einem Bootsunfall, und obwohl sie eine ausgezeichnete Schwimmerin war und sich nur wenige Meter vom Ufer befand, ertrank sie, ohne daß ihre Leiche jemals gefunden wurde. Zwanzig Jahre später starb der Rennbootfahrer John Cobb bei dem Versuch, den Geschwindigkeitsrekord zu Wasser zu brechen. Die Bedingungen waren angeblich ideal gewesen: Es herrschte Windstille, und der See war glatt, doch dann zerbarst Cobbs Boot, als er mit über 300 Stundenkilometern plötzlich in unruhige Wasser geriet. Einige Leute behaupten, sie seien von dem Ungeheuer aufgewühlt worden.

Über weite Strecken ist der Loch Ness von der kurvigen Straße aus, die entlang des Südwestufers verläuft und sich durch die Vorberge und kahles Heidemoor schlängelt, nicht zu sehen. Sogar von der Hauptstraße am nördlichen Ufer ist der Blick auf das Wasser oft durch dichten Wald verdeckt. Doch an beiden Ufern gibt die Straße an mehreren Stellen den Blick auf ein überwältigendes Panorama frei.

Die großartigste Aussicht hat man von den Ruinen des Urquhart Castle, wo der See am tiefsten und breitesten ist. Diese Burg aus dem 12. Jahrhundert liegt an der Urquhart Bay und war einst eine normannische Festung; sie war der Legende zufolge aus Steinen errichtet worden, die Hexen herbeigeschafft hatten. Später wurde sie abwechselnd von Engländern und Schotten erobert; heute ist sie berühmt als der beste Platz, um das Ungeheuer zu beobachten.

Wie ein Ungeheuer in den Loch Ness gelangen konnte, ist fast ebenso rätselhaft wie das Ungeheuer selbst. Die einzigen Wasserwege, die den See mit dem Meer verbinden, sind der Caledonian Canal, der erst 1822 für die Schiffahrt freigegeben wurde, und der River Ness. Der Kanal wird durch zahlreiche Schleusen reguliert, die nur geöffnet werden, um Schiffe passieren zu lassen. Und der River Ness ist heute zu flach, als daß in ihm ein monstergroßes Lebewesen hausen könnte, obgleich er nach Ende der letzten Eiszeit erheblich tiefer war.

Aber abgesehen davon wäre Loch Ness eine behagliche Heimstätte für ein Ungeheuer, denn es wimmelt von Aalen, Lachsen, Forellen und anderen Fischen. Und doch zeigte sich Nessie nach Jahrhunderten relativer Zurückgezogenheit offenbar erst wieder in den frühen 30er Jahren dieses Jahrhunderts. Die erste Sichtung, die bekannt wurde, trug sich am Abend des 22. Juli 1930 zu, als der junge Ian Milne mit zwei Freunden vor Tor Point, nahe dem kleinen Dorf Dores, beim Fischen war. Die Burschen warfen träge ihre Angeln nach Lachsen aus, als sie plötzlich von einer heftigen Unruhe 600 Meter weiter oben im See aufgeschreckt wurden. „Ich sah, wie Gischt hoch in die Luft spritzte", berichtete Milne später. Ein seltsames Geschöpf kam rasch auf die Angler zu, doch als es nur noch 300 Meter entfernt war, zog es einen Halbkreis und jagte mit einer Geschwindigkeit von fünfzehn Knoten oder mehr davon. „Der Teil von ihm, den wir sahen, war etwa sechs Meter lang und ragte rund einen Meter aus dem Wasser heraus", sagte Milne. „Der Wellenschlag, den es verursachte, brachte unser Boot heftig ins Schaukeln." Und feierlich schloß er: „Ganz ohne Zweifel war es ein lebendes Wesen, und ich kann mit Gewißheit sagen, daß es sich nicht um einen Riesenhai, eine Robbe, eine Gruppe Otter oder irgend etwas anderes Normales gehandelt hatte."

Milnes Bericht, der in der Lokalpresse veröffentlicht wurde, erregte einiges Aufsehen und zog eine Reihe von Briefen nach sich, deren Schreiber über frühere Erlebnisse mit einem angeblich ähnlichen Lebewesen berichteten. Der Wirbel legte sich jedoch schnell, da es zu keinen weiteren Beobachtungen kam. Zwei Jahre vergingen – und dann, im

Jahre 1933, machte das Ungeheuer von Loch Ness mit Nachdruck erneut von sich reden. In jenem Jahr besserten Straßenarbeiter die Straße entlang des nördlichen Seeufers aus und erneuerten die Straßendecke, und nach Ansicht einiger Forscher bestand zwischen den beiden Ereignissen ein direkter Zusammenhang. Auch wenn der Lärm, den die Straßenarbeiter verursachten, wahrscheinlich nicht ausreichte, um ein schlummerndes Ungeheuer aus seinen Höhlen unter Wasser aufzuschrecken, wie manche Leute vermuteten, so bot sich nun aber durch das Fällen von Bäumen entlang der Straße eine bessere Sicht auf den See und alles, was in ihm war.

Wie dem auch sei, am 14. April fuhren Mr. und Mrs. Mackay, Gastwirte aus Drumnadrochit, am See entlang, als Mrs. Mackay bemerkte, daß die ruhige Oberfläche des Sees von wogenden Wassermassen aufgewühlt wurde. Während sie verblüfft auf die Stelle blickte, tobte dort fast eine Minute lang ein, wie es ihr schien, riesiges Tier herum, bevor es wieder in den schäumenden Fluten verschwand. Die Mackays berichteten Alex Campbell, einem Fischerei-Aufseher und Lokalreporter des *Inverness Courier*, von diesem seltsamen Erlebnis.

Campbell, der später angab, selbst dieses Ungeheuer fast zwanzigmal gesehen zu haben, berichtete über den Vorfall. Nun verbreiteten sich unter den schottischen Hochländern schnell Gerüchte über das Ungeheuer. Die Spötter hoben hervor, daß möglicherweise die beiden Mackays als Pächter die des Drumnadrochit Hotels von dem nun zu erwartenden starken Touristenstrom, den ein Ungeheuer in diesem See anlockte, sicherlich recht gut profitieren würden. Demgegenüber beschwerte sich Mrs. Mackay später, daß die Brauerei, der das Hotel gehörte, die Publicity ausnutzte und es „zwei Jahre später über unsere Köpfe hinweg verkaufte", wodurch sie ihre Stellung verloren.

Auf jeden Fall zeigte sich das Ungeheuer fortan mehrfach vor den ehrfurchtsvollen Augen Einheimischer wie auch Fremder, und in einem Fall wurde es angeblich sogar an Land gesehen. An einem wunderschönen Julinachmittag fuhren der Londoner Geschäftsmann George Spicer und seine Frau in ihrem Auto am See entlang, als mit einem Mal ein „garstiges" Geschöpf mit einem langen Hals und etwa acht Meter Länge ihren Weg kreuzte. Es schien ein Lämmchen oder ein ähnliches kleineres Tier im Maul zu tragen und hatte, wie er hinzufügte, „die größte Ähnlichkeit mit einem Drachen oder Urwelt-Tier, die ich je gesehen habe".

Ein andermal beobachtete eine Gruppe von sechs Personen angeblich im Monat September das Ungetüm vom Fenster einer Teestube aus, während es einige 100 Meter draußen auf dem See umherschwamm. Es schien einen schlangenähnlichen Kopf und Hals zu haben, die es auf und nieder und hin und her schwenkte. Außerdem sahen die Leute drei Buckel und einen großen Schwanz, der durch das Wasser peitschte. Gebannt beobachteten sie das Geschöpf volle zehn Minuten, bis es schließlich untertauchte und sich auch nicht mehr zeigte.

Die Aufregung hielt den ganzen Sommer an, in dessen Verlauf das Ungeheuer etwa zwanzigmal von Dutzenden von Menschen gesichtet wurde. Einige Augenzeugen

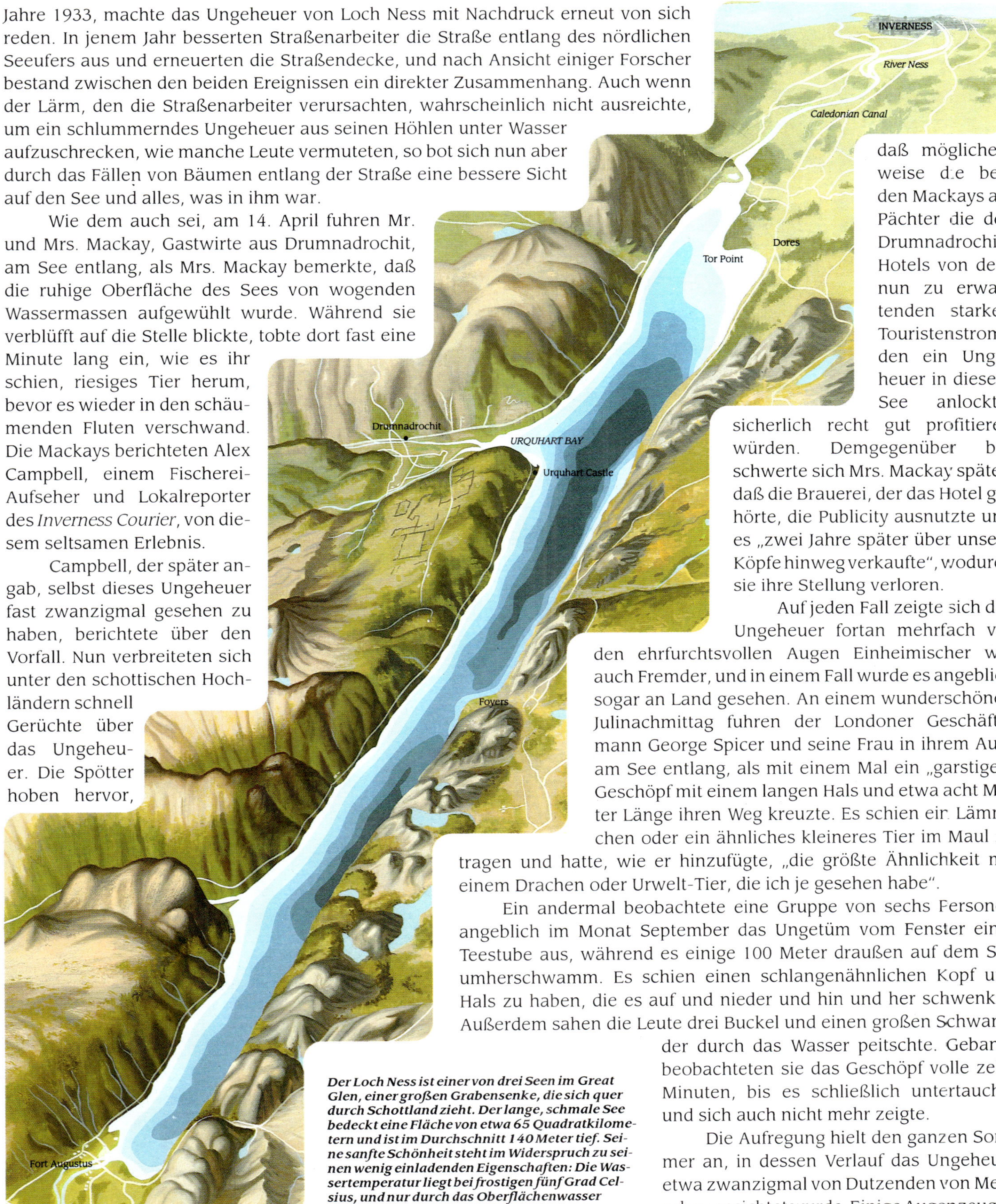

Der Loch Ness ist einer von drei Seen im Great Glen, einer großen Grabensenke, die sich quer durch Schottland zieht. Der lange, schmale See bedeckt eine Fläche von etwa 65 Quadratkilometern und ist im Durchschnitt 140 Meter tief. Seine sanfte Schönheit steht im Widerspruch zu seinen wenig einladenden Eigenschaften: Die Wassertemperatur liegt bei frostigen fünf Grad Celsius, und nur durch das Oberflächenwasser dringt Licht – darunter herrscht Finsternis.

litten wochenlang unter Alpträumen, denn nach der Beschreibung von Mrs. Spicer war das Geschöpf „grauenhaft".

Mitte November wurde von dem Einheimischen Hugh Gray das erste Photo von Nessie gemacht. Gray hatte seine Kamera auf eine unruhige Stelle im See gerichtet, die etwa 100 Meter von ihm entfernt lag, und fünf Bilder geschossen. Vier waren überbelichtet und wertlos, aber das fünfte zeigte trotz Beschädigung im Wasser eine undeutliche, schlangenartige Gestalt. Bezüglich der Größe wollte sich Gray nicht festlegen, sondern sagte nur, daß es „sehr groß" gewesen war. Wie er berichtete, schien die Haut glatt, glänzend und von dunkelgrauer Farbe. Seine Aufnahme wurde von einigen Photoexperten begutachtet, die erklärten, daß sie offenbar echt und auf keinen Fall retuschiert worden war.

Mittlerweile hatte die nationale Presse die Geschichte aufgegriffen, und Reporter eilten in Scharen gen Norden. Dann wurden riesige Summen für das tote oder lebendige Ungeheuer geboten. Hotels in der Gegend erlebten einen Boom, und clevere Ladenbesitzer machten unerwartete Gewinne mit Andenken wie Nadelkissen, Kannenwärmern und Schokoladenfiguren, die die Form eines Ungeheuers hatten. Es herrschte ein solcher Ansturm, daß an Feiertagen entlang der Uferstraße die parkenden Autos meilenweit standen. Und kein geringerer als Premierminister Sir Ramsey MacDonald soll sich so sehr für das Ungeheuer interessiert haben, daß er eine Reise in den Norden plante.

Im Jahre 1933 beauftragte die Londoner Zeitung „Daily Mail" den Großwildjäger M. A. Wetherall (Mitte), Nessie zu suchen. Bald entdeckte er riesige Fußspuren, doch wie sich herausstellte, waren sie von Spaßvögeln mit einem Schirmständer aus einem Nilpferdfuß gemacht worden.

Dieses Photo ist angeblich das erste Bild des Ungeheuers von Loch Ness. Es wurde 1933 von Hugh Gray aufgenommen, der in dem nahe gelegenen Dorf Foyers wohnte. Im Jahr 1955 sagte Gray in einem Interview, er habe das Ungeheuer sechsmal gesehen.

In London nutzte ein vornehmes Fischrestaurant den Wirbel um Nessie aus und bot nun „Le filet de sole Loch Ness" an. Und auf der amerikanischen Seite des Atlantiks machte ein Hersteller von Damenbekleidung mit einem Ensemble Furore, das „Loch Ness" hieß und aus einem dunkelgrünen Kleid mit passender Jacke bestand, die vorne mit Graufuchs besetzt war.

Als das Jahr zu Ende ging, kürte die französische Presse auf der Suche nach Ablenkung von den düsteren Ereignissen der Depression die Entdeckung des Ungeheuers zur bei weitem besten Nachricht des Jahres 1933. Die Österreicher dagegen reagierten mißmutig, und ihre Regierung beklagte sich bitter, daß das Ganze nur ein schottisches Komplott gewesen sei, um Touristen aus den Alpen und den Wiener Kaffeehäusern wegzulocken.

Das allgemeine Interesse war so angeheizt, daß es früher oder später zu einem raffinierten Betrugsversuch kommen mußte. Im Dezember erschien ein selbsternannter Großwildjäger in Begleitung eines persönlichen Photographen beim Loch Ness, mit der erklärten Absicht, das Ungeheuer zu fangen. Kaum hatten die beiden die Jagd aufgenommen, da berichteten sie auch schon, am Ufer des Sees riesige Fußspuren entdeckt zu haben, die nur ein paar Stunden alt gewesen waren. Ungeduldig wartete die Welt auf das Urteil des British Museum. Schließlich gaben die Experten ihre Meinung kund: Die Fußspuren, so teilten sie ernst mit, stammten von einem Nilpferd. Um genau zu sein, waren sie mit einem präparierten Nilpferdfuß, einem viktorianischen Schirmständer, gemacht worden, der einem Einheimischen mit zwei schelmischen Söhnen gehörte. Es kam nie heraus, ob die beiden „Forscher" an dem Schabernack selbst beteiligt gewesen oder ob sie ihm nur zum Opfer gefallen waren.

Doch während die Skeptiker noch frohlockten, schienen immer mehr Leute das Ungeheuer zu sehen. Anfang

Als Nessie auch 1934 angeblich immer wieder gesichtet wurde, bot der Bertram Mills Circus in London als Werbegag für ein lebendes Ungeheuer aus dem Loch Ness 20 000 Pfund. Rasch begannen einige hoffnungsfrohe Gemüter, Käfige für das Tier zu bauen, wie dieses 35 Tonnen schwere Stahlmodell.

Der unauffindbare Buru

In der einsamsten Gegend Nordostindiens, in einem abgelegenen Tal am Rande des Himalaya, gibt es einen Sumpf, in dem Ungeheuer leben sollen. Jedenfalls sind bei den dort ansässigen Stämmen der Apa Tani und Dafla Geschichten über diese Wesen, die von den Einheimischen Burus genannt werden, mit den Stammesüberlieferungen von Generation zu Generation weitergegeben worden.

Im Jahre 1948 kamen sie Ralph Izzard zu Ohren, dem Korrespondenten der Londoner *Daily Mail* in Delhi. Offenbar hatte der britische Zoologe Charles Stonor jenes Tal in der Provinz Assam besucht und mit etwa 30 Stammesangehörigen gesprochen, die ihm glaubwürdig versicherten, das Tier gesehen zu haben. Nach ihrer Beschreibung war der dunkelblau und weiß gefärbte Buru etwa 3,50 Meter lang, und auf seinem Rücken saßen drei Reihen kurzer, stumpfer Stacheln. Er hatte eine Reptilienhaut, vier Beine mit klauenartigen Füßen und eine lange Schnauze. Während der Trockenzeit versteckte er sich im Sumpf, doch in der Regenzeit kam er heraus, um in dem See, der nun den Sumpf überzog, seine Possen und übermütigen Spiele zu treiben.

Izzard, der ein Abenteuer und eine Exklusivgeschichte für seinen Auftraggeber witterte, setzte sich mit Stonor in Verbindung, und gemeinsam organisierten die beiden eine Expedition nach Assam, die von der *Daily Mail* und dem indischen Generalgouverneur Earl Mountbatten finanziert wurde. Im März 1948 brach die Gruppe mit einem Bildreporter, einem Trupp von Trägern und genügend Proviant für 100 Tage in die unwegsamen Sümpfe auf.

Aber es zeigte sich weit und breit kein Buru. Monatelang kämpften sich die Männer durch den Dschungel und knietiefen Sumpf, während Dauerregen auf sie herniederprasselte. Blutegel und Moskitos fielen über sie her, wenn sie für Stunden die Augen an ein Fernrohr geheftet hielten und hofften, eine Spur von dem seltsamen Wesen zu entdecken. Sie erspähten einige vielversprechende Schatten unter der Wasseroberfläche, aber es war nur der Wind, der das Wasser kräuselte. Selbst der Teich, in dem der Buru angeblich lebte, „hätte nicht einmal einen Otter verbergen können", wie Izzard sagte. „Wir stellten fest, daß er kaum mehr als einen Meter tief war."

Obgleich die Männer unverrichteter Dinge heimkehren mußten, glaubten sie weiter an die Existenz des Buru. Nach Izzards und Stonors Ansicht hatte er wahrscheinlich in jenem Tal in Assam gelebt, bis die Nachbarstämme das Land nahe dem Sumpf urbar machten. Als daraufhin der Sumpf nach und nach verlandete, wurde der Buru seines Lebensraumes beraubt und starb aus, bevor er entdeckt und wissenschaftlich beschrieben werden konnte.

Im einsamen Nordosten Indiens im Gebiet des Himalaya beschreibt ein Stammespriester der Apa Tani jenes sagenhafte Sumpfwesen, das von seinem Volk Buru genannt wird. Eine Expedition im Jahre 1948, die drei Monate dauerte, konnte jedoch keine Spur von dem rätselhaften Reptil entdecken.

1934 wurde es zum zweitenmal an Land gesichtet. Arthur Grant, ein Student der Tiermedizin, war in einer mondhellen Nacht mit seinem Motorrad unterwegs gewesen, als er vor sich auf der Straße ein großes, dunkles Ding erblickte. Er hielt an, stieg von seinem Motorrad und schlich sich vorsichtig an. Als er sich näherte, konnte er erkennen, daß es sich bei dem Ding um ein Tier handelte, dessen Kopf wie der einer Schlange oder eines riesigen Aals aussah. Wie er sagte, beobachtete ihn das Tier, und als er auf 20 Meter herangekommen war, hüpfte es rasch davon und plumpste geräuschvoll in den See. Grant fertigte eine Zeichnung von dem an, was er gesehen hatte. Das Ungeheuer war über sechs Meter lang und hatte einen schweren Körper und vier Gliedmaßen, wobei die vorderen klein und schwach, aber die hinteren so groß und kräftig waren, daß es wie ein riesiges Känguruh über die Straße hüpfen konnte.

Für andere aber nahm das Geschöpf immer mehr die Gestalt eines Plesiosauriers an, eines Wasserreptils, das vor 70 Millionen Jahren gelebt hatte. Der kleine Kopf, der schlangenartige Hals, die enorme Größe, die Flossen und sein für ein Wassertier typisches Verhalten – all dies schien zu passen. Aber das war ja unmöglich – oder etwa nicht?

Die Berichte und die zunehmende Übereinstimmung darin, worum es sich bei dem Wesen vielleicht handelte, weckte die Neugier eines gewissen Rupert Gould; er unternahm den ersten Versuch – dem zahlreiche folgen sollten –, das Ungeheuer ein für allemal zu bestimmen. Gould, der 1927 als 37jähriger die hydrographische Abteilung des britischen Marineministeriums verlassen hatte, interessierte sich für ein breites Spektrum von Themen, darunter auch Seeschlangen, über die er 1930 ein Buch veröffentlichte.

Als die Flut der Berichte über das Ungeheuer losbrach, konzentrierte Gould seine ganze Aufmerksamkeit auf den Loch Ness. Im November 1933 traf er in Inverness ein, kaufte sich ein kleines Motorrad, das er Cynthia taufte, und knatterte mit ihm zum See. Er befragte etwa 50 Personen, die das Ungeheuer gesichtet hatten. Im Jahre 1934 publizierte er, ohne das Ungeheuer jemals selbst gesehen zu haben, *The Loch Ness Monster and Others*, das erste Buch zu diesem Thema. Wie er darin schrieb, war das Ungeheuer von Loch Ness ein Abkömmling seiner alten Freundin, der Seeschlange.

Nachdem er sein Urteil abgeben hatte, verlor Gould das Interesse an dem Ungeheuer und übernahm seine nächste Starrolle in der populären BBC-Sendung „Brains Trust“. Sein Buch machte nur auf wenige Zoologen Eindruck, aber es entfachte die Phantasie von Sir Edward Mountain, einem Millionär, der ins schottische Hochland gekommen war, um Lachse zu angeln. Im Sommer 1934 finanzierte Sir Edward die erste Suchaktion nach dem Ungeheuer von Loch Ness.

Ihr gehörten 20 Einheimische an, die Sir Edward aus Arbeitslosenlisten herausgesucht hatte. Er rüstete seine Mannen mit Kameras und Ferngläsern aus und postierte sie fünf Wochen lang für neun Stunden täglich an verschiedenen Stellen des Sees. Sie berichteten von zahlreichen Beobachtungen und machten 21 Aufnahmen, doch obwohl selbst König George V. sich an der Suche interessiert zeigte und einige Mitglieder der Königsfamilie den See besuchten, erbrachte Mountains aufwendige Aktion keinen überzeugenden Beweis. Nachdem Mountain die Photos geprüft hatte, die von seinen Männern gemacht worden waren, äußerte er selbst die Vermutung, daß es sich bei dem Ungeheuer um eine Kegelrobbe handeln könnte, die auf der Jagd nach Lachsen den River Ness hinauf in den See gekommen war und nun den Rückweg nicht mehr fand. Zoologen, die einen Film ansahen, der später von James Fraser – dem Leiter von Mountains Suchaktion – gemacht wurde, neigten ebenfalls zu dieser Ansicht, obwohl einige von ihnen das Tier für einen Wal oder für einen großen Otter hielten.

Es gab jedoch eine Aufnahme von dem Ungeheuer, die weder von den Zoologen noch sonst jemandem einfach beiseite geschoben werden konnte. Zu einem früheren Zeitpunkt in jenem Jahr, im April, hatte der Londoner Arzt Robert Kenneth Wilson seinen Urlaub im schottischen Hochland verbracht und dabei vier Schnappschüsse von etwas gemacht, das – wie er es ausdrückte – „beträchtliche Unruhe“ im Loch Ness verursachte. Nach dem Entwickeln war auf zweien der Bilder überhaupt nichts zu sehen gewesen, aber das dritte zeigte, wie es schien, deutlich den erhobenen Kopf und Hals eines Tieres, und auf dem vierten Bild sah man, wie ein Kopf im Wasser verschwand.

Auch heute noch gilt dieses dritte Photo als der berühmteste Beleg für Nessies Existenz. Aber es ist auch der umstrittenste. Manche Skeptiker behaupten, daß Wilson

Alex Campbell war Fischerei-Aufseher am Loch Ness und für den Schutz der wandernden Lachse verantwortlich, als er 1934 angeblich zum erstenmal Nessie sah. Während seiner vierzigjährigen Tätigkeit am See berichtete der Schotte von 18 Beobachtungen.

sein Photo am 1. April gemacht habe – wenngleich andere sagen, es sei am 19. April aufgenommen worden. Angeblich erzählte Wilson auch einem guten Freund, er habe das Bild gefälscht; aber als Wilsons Witwe viele Jahre später befragt wurde, versicherte sie unerschütterlich, es sei echt.

Als der Zweite Weltkrieg über Europa hinwegrollte, geriet das Ungeheuer von Loch Ness weitgehend in Vergessenheit. Und als während der späten 40er Jahre und in den 50er Jahren gelegentlich von Beobachtungen berichtet wurde, nahm sie kaum jemand ernst. Es schien, als habe der Wirbel in den 30er Jahren das Interesse der Öffentlichkeit an solchen Ungeheuern erschöpft. Als beispielsweise im Jahr 1947 J. C. Forbes, der Direktor einer Bank in Inverness, erklärte, er habe das Tier gesehen, veröffentlichte kurz darauf eine Lokalzeitung einen spöttischen Brief, in dem es hieß:

Sehr geehrter Herr,
obwohl ich mit Mr. J. C. Forbes, Direktor der National Bank in Inverness, nicht bekannt bin, möchte ich seine Aussage bestätigen. Vom See aus konnte ich Mister Forbes mit seinen Freunden am Ufer deutlich erkennen, und ich sah sogar, wie sie sich in Sicherheit brachten, als ich durch den See jagte. Dürfte ich die Touristen bitten, ihre leeren Whiskyflaschen wieder mitzunehmen, denn die Glasscherben sind für uns Amphibien äußerst gefährlich.

Hochachtungsvoll,
Das Ungeheuer von Loch Ness.

In dieser Zeit war die einzige, die ernsthaft nach dem Ungeheuer forschte, Constance Whyte, eine Hausfrau, die mit dem Loch Ness vertraut wurde, als ihr Mann Direktor des Caledonian Canals war. Zwar bekam sie es nie selbst zu Gesicht, doch brachte sie zwei Jahrzehnte damit zu, Augenzeugenberichte zu sammeln und auszuwerten.

Im Jahre 1957 veröffentlichte sie ein Buch mit dem Titel *More Than a Legend*, das zur Pflichtlektüre aller zukünftigen Nessie-Jäger wurde. Zum einen hatte Mrs. Whyte das, was im See gesehen worden war, bis dahin am genauesten analysiert, und zum anderen vermutete sie, daß in dem See nicht nur ein Ungeheuer hauste, sondern vielleicht eine ganze Familie von Urwelt-Wesen, die dort seit der letzten Eiszeit gefangen waren. Doch es blieb dem jungen Engländer Tim Dinsdale vorbehalten, das internationale Interesse am Loch Ness neu zu entfachen. Auch vor und nach Dinsdale hat es Menschen gegeben, die Nessie das Wort redeten, doch nur Dinsdale erklärte es zu seiner Lebensaufgabe, ihre Existenz zu beweisen.

An einem Abend des Jahres 1959 hatte es sich der damals 34jährige Luftfahrtingenieur Dinsdale daheim in Südengland gemütlich gemacht und schlug seine Lieblingszeitschrift auf, in der er einen Artikel über das Ungeheuer von Loch Ness entdeckte. Natürlich hatte er schon davon gehört und war ein wenig neugierig, doch während er las, wurde er sich „eines wachsenden Interesses gewahr", wie sich der Ingenieur später in *Loch Ness Monster* erinnert, einem von drei Büchern, die er über das Thema schreiben sollte. In jener Nacht schlief Dinsdale unruhig und träumte, er ginge an den steilen Ufern des Sees entlang und spähte in die pechschwarzen Tiefen, in der Hoffnung, das Ungeheuer zu entdecken. Und als er aufwachte, wurde ihm klar, daß er seine Lebensaufgabe gefunden hatte.

Während des nächsten Jahres analysierte Dinsdale gewissenhaft alle verfügbaren Informationen. Dann brach er im April 1960 zu einer 1000 Kilometer langen Reise nach Loch Ness auf. Aber obgleich er danach noch über fünfzigmal dorthin zurückkehrte und dabei zahllose Monate mit Beobachtungen verbrachte, erwies sich dieser kurze Besuch als sein erfolgreichster.

Dinsdale suchte sechs Tage nach dem Ungetüm. Er beobachtete von verschiedenen Punkten des Ufers aus mit einem Fernglas den See. Wenn er sich von einem Punkt zum nächsten begab, dann rüstete er sich für ein plötzliches Auftauchen, indem er seine mit einem Teleobjektiv versehene Filmkamera auf einem Stativ neben dem Fahrersitz aufstellte. Befand er sich nicht auf Beobachtungsposten, dann befragte er Augenzeugen.

Nach fünf Tagen wollte Dinsdale schon aufgeben, aber dann entschloß er sich, doch noch einen Tag zu bleiben. Wieder stand er im Morgengrauen auf, und nachdem er fast vier Stunden vergebens den See beobachtet hatte, machte er sich hungrig auf den Rückweg in sein Hotel, um zu frühstücken. Vorher nahm er sich jedoch einige Minuten Zeit, um die Kamera in seinem Auto aufzustellen. Er fuhr gerade mit seinem Wagen den Hügel hinab, als seine Aufmerksamkeit auf etwas im See gelenkt wurde. Abrupt bremste er, griff nach seinem Fernglas und spähte angestrengt auf eine lange, ovale, mahagonifarbene Gestalt im Wasser, die sich gerade in Bewegung setzte. Dinsdale ließ sein Fernglas fallen und begann zu filmen. Etwa vier Minuten lang verfolgte er mit seiner Kamera das Ungeheuer, während es in einer Entfernung von 1200 bis 1700 Metern im Zickzackkurs nach Westen schwamm. Dann setzte Dinsdale alles auf eine Karte. In der Hoffnung, nahe genug an das Ungeheuer heranzukommen, um Kopf und Hals sehen zu können, rannte er zum Ufer des Sees – doch als er dort ankam, mußte er feststellen, daß das Ding verschwunden war.

Es dauerte fast sechs Jahre, bis man die Bedeutung dieses Films voll erkannte. Ende 1965 erklärte sich das Joint Air Reconnaissance Intelligence Centre, eine Abteilung der britischen Luftwaffe, auf Bitten des Abgeordneten David James, selbst ein Nessie-Jäger, bereit, den Film zu untersuchen. Nach Schätzung des JARIC war das Objekt mindestens zwei Meter breit und anderthalb Meter hoch. Bedeutender aber war, daß das JARIC zu dem Schluß kam, es handele sich weder um ein Schiff noch um ein Unterseeboot und daher „wahrscheinlich um ein lebendes Objekt".

Dinsdale seinerseits wartete nicht auf offizielle Unterstützung. Im Juli 1960 kehrte er für neun Tage an den See zurück, im März 1961 kam er für zehn frostige Tage und dann wieder im Mai. Von 1960 an bis zu seinem Tod Ende 1987 besuchte er durchschnittlich zweimal im Jahr den Loch Ness. Meist verbrachte er den ganzen Sommer dort und lebte auf seiner Jacht *Water Horse*.

Von ihrem Haus an der Urquhart Bay aus war Winifred Cary Zeugin zahlreicher Bemühungen, die Existenz des Ungeheuers von Loch Ness zu beweisen. Frau Cary selbst aber braucht keine weiteren Beweise, denn sie will das geheimnisvolle Ungetüm nicht weniger als 15mal gesehen haben.

Im Jahre 1958 photographierte der Forellenzüchter H. L. Cockrell etwas, das manche für Nessie halten, die im Morgengrauen durch den See schwimmt. Andere meinen dagegen, es handele sich um einen treibenden Baumstamm.

Auf diesem Photo, das der Londoner Arzt R. Kenneth Wilson im Jahre 1934 aufnahm, sieht man einen kleinen Kopf und einen langen Hals aus dem See auftauchen. Vielleicht ist es das Ungeheuer, doch Skeptiker sehen darin einen Otter oder tauchenden Vogel.

Lachlan Stuart photographierte 1951 ein dreihöckeriges Ungetüm. Manche halten das Bild für eine Fälschung.

Im Jahre 1960 filmte der Nessie-Jäger Tim Dinsdale eine lange Gestalt, die sich durch den Loch Ness bewegt, wobei sie das Wasser aufwühlt.

Diese Aufnahme von F. C. Adams aus dem Jahre 1934 scheint eine Flosse zu zeigen, die aus dem Wasser auftaucht. Die schlechte Qualität des Bildes macht eine Bewertung aber schwierig.

Dieses 1955 entstandene Photo von P. A. MacNab, das von der Urquhart Bay aus aufgenommen wurde, ist heiß umstritten. Skeptiker glauben, es zeige nur das Kielwasser von Fischerbooten.

Im August 1969 startete das Einpersonen-U-Boot „Viperfish" mit Sonargeräten und Biopsie-Harpunen, die von ihren Zielobjekten Gewebeproben nehmen sollten. Nachdem die ersten Tauchversuche im Loch Ness problematisch verlaufen waren, wurde das Projekt aufgegeben.

Lange Trennungen von seiner Familie waren nicht der einzige Preis, den seine Nessie-Jagd forderte. In ihrem Verlauf holte sich Dinsdale auch eine Lungenentzündung, zog sich schmerzhafte Verletzungen zu, als er steile Abhänge hinabstürzte, und harrte in stürmischen Nächten aus, in denen es schien, als würden weder die *Water Horse* noch er Wind und Wellen überleben. Aber in all diesen Jahren erspähte Dinsdale Nessie nur zweimal.

Die meiste Zeit hatte Dinsdale am Loch Ness reichlich Gesellschaft. Sein Film löste eine Welle von Suchaktionen aus, die einzelne Abenteurer wie auch eindrucksvoll organisierte Armeen von Freiwilligen durchführten. Das größte und langlebigste Unternehmen war das „Loch Ness Phenomena Investigation Bureau", später kurz „Loch Ness Investigation" oder LNI genannt.

Seine treibende Kraft war der Abgeordnete David James, der damals aufgrund von zwei tollkühnen Fluchtversuchen aus einem deutschen Kriegsgefangenenlager, von denen der zweite gelang, recht bekannt war. Im Jahre 1962 baute James zusammen mit Constance Whyte, den Naturforschern Sir Peter Scott (Sohn des berühmten Antarktis-Forschers Robert Scott) und Richard Fitter sowie Norman Collins, dem stellvertretenden Direktor einer britischen Fernsehgesellschaft, das LNI auf.

Später in jenem Jahr überwachten James und zwei Dutzend Freiwillige im Verlauf der ersten von vielen Suchaktionen den See mit Ferngläsern und Kameras. In der Nacht erleuchteten sie die pechschwarzen Wasser mit Armeescheinwerfern. Oft sahen sie dann aber nichts anderes als weitere Nessie-Jäger, denn am und auf dem See begann man sich zu drängeln.

Oberstleutnant H. G. Hasler, der im Zweiten Weltkrieg den Überfall der berühmten „Cockleshell Heroes" auf deutsche Kriegsschiffe geleitet hatte, war schon früher eingetroffen, um den See mit seinem Segelboot abzufahren, wobei er die Oberfläche absuchte und über Hydrophone auf Geräusche unter Wasser lauschte. Studenten eines Cambridge-Forschungsprojektes stellten am Ufer Kameras auf und erforschten die Tiefen des Sees mit Sonargeräten.

Dieser Ansturm des Jahres 1962 auf den Loch Ness förderte einige kleine Beweisstücke zutage, die nur die ohnehin schon Bekehrten überzeugten. In den folgenden Jahren beobachtete das LNI mit Hilfe einer Armee von Freiwilligen von Mai bis Oktober und rund um die Uhr etwa 70 Prozent des Sees mit Kameras. Nach James' Berechnungen verbrachten sie nicht weniger als 30 000 Stunden damit, seine Oberfläche abzusuchen, und noch mehr Zeit, um die Schilderungen von Augenzeugen zusammenzutragen. Sie stellten dem Ungetüm auch mit Sonar nach, schwebten mit Hubschraubern über den See und legten als Köder Steine aus, die mit Lachsöl und übelriechenden Substanzen getränkt waren, in der Hoffnung, sie würden den Geschlechtstrieb von Nessie anregen. Sie ließen sogar Beethovens sechste Symphonie unter Wasser erschallen.

Im Jahre 1969 entwickelte das LNI ein Mini-U-Boot mit dem Namen *Viperfish*, das die Tiefen erforschen und – wie man hoffte – Biopsie-Harpunen auf das Ungeheuer abfeuern sollte,um Gewebeproben zu sammeln. Aber schon bei seinem ersten Tauchversuch blieb das knallgelbe Tauchfahrzeug mit seiner Nase im Schlamm des Grundes stecken und mußte Ballast herausdrücken, um wieder flott zu werden. Selbst die enthusiastischsten Forscher räumten schließlich widerwillig ein, daß das U-Boot zu laut, zu langsam und zu schwerfällig war, um es mit Nessie aufnehmen zu können.

Mehrere Sommer lang wurde die Nessie-Jagd des LNI vor allem von Roy Mackal geleitet, dem ersten Vertreter des wissenschaftlichen Establishments, der Nessie ernst nahm. Im Jahre 1965 war der Biochemiker Mackal von der University of Chicago, der sich durch seine Forschungen über die Erbsubstanz DNS einen Namen gemacht hatte, 40 Jahre alt. Er hielt sich auf Urlaub in London auf, als er zufällig ein Werbeplakat für das schottische Hochland sah. Bereits einige Tage später blickte er vom Ufer der Urquhart Bay über den Loch Ness und bemerkte einen der Beobachtungswagen des LNI. Er war fasziniert.

Mackal traf sich mit David James auf dessen Anwesen auf der Isle of Mull und sah sich in London Dinsdales Film an. Dann stand sein Entschluß fest. Mackal schloß sich der Jagd nach dem Ungeheuer von Loch Ness an und wurde der amerikanische Kontaktmann der LNI. Er beschaffte die ersten größeren Geldsummen und sorgte dafür, daß die wissenschaftliche Welt erstmals wirklich aufhorchte. Und während der Sommer pilgerte er zum Loch Ness. Im Jahre 1970 sah Mackal das Ungeheuer dann endlich mit eigenen Augen.

Mackal holte gerade Hydrophone ein, mit denen unter Wasser Geräusche aufgenommen worden waren, als er aus den Augenwinkeln sah, wie das Wasser aufgewühlt wurde. Dann schoß ein gummiartiges, dreieckiges Ding etwa 30 Zentimeter weit heraus und verschwand wieder, aber nun tauchte etwas auf, das wie der glatthäutige Rücken irgendeines Tieres aussah. Nach etwa einer Minute verschwand das Ding endgültig. Da Mackal das Tier jetzt selbst gesehen hatte, war er zwar weiterhin an der Arbeit des LNI-Teams interessiert, wandte seine Aufmerksamkeit aber auch anderen geheimnisvollen Tieren zu, unter ihnen Ogopogo und Champ. Im Jahre 1980 brach er auf, um im Kongogebiet den Mokele-mbembe zu suchen, einen Elefantenfußsaurier, der dort angeblich noch lebte *(S. 91-97)*.

Zu der Zeit, als Mackal sein Interesse bereits auch auf andere Ungeheuer auszudehnen plante, hatte sich ein weiterer Amerikaner den Suchaktionen nach Nessie angeschlossen; er sollte nun eine äußerst wichtige Rolle spielen.

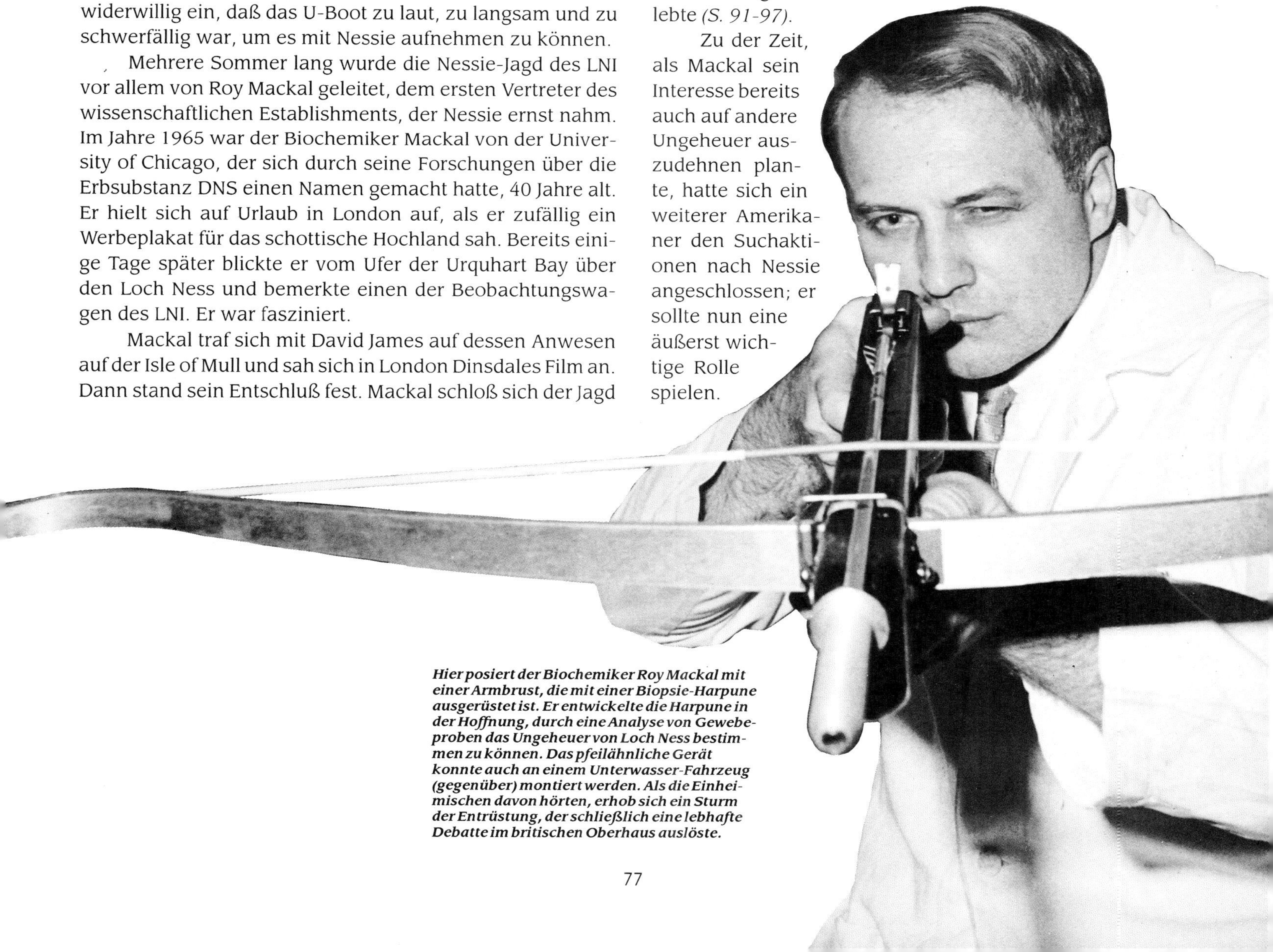

Hier posiert der Biochemiker Roy Mackal mit einer Armbrust, die mit einer Biopsie-Harpune ausgerüstet ist. Er entwickelte die Harpune in der Hoffnung, durch eine Analyse von Gewebeproben das Ungeheuer von Loch Ness bestimmen zu können. Das pfeilähnliche Gerät konnte auch an einem Unterwasser-Fahrzeug (gegenüber) montiert werden. Als die Einheimischen davon hörten, erhob sich ein Sturm der Entrüstung, der schließlich eine lebhafte Debatte im britischen Oberhaus auslöste.

Mit einem neuartigen Sonargerät, das der Ingenieur Martin Klein (Mitte) entwickelt hatte, konnten die Nessie-Jäger Robert Rines (links) und Tim Dinsdale (rechts) im September 1970 faszinierende Daten sammeln. Offenbar spürte das Gerät sich unter Wasser bewegende Objekte auf, die 50mal größer waren als der größte im Loch Ness heimische Fisch, den man kennt.

Es war der Patentanwalt Robert Rines aus Boston, der 1970 im Alter von 48 Jahren auf einer Tagung am Massachusetts Institute of Technology Mackal über die Jagd auf Ungeheuer sprechen hörte. Der einzelgängerische Rines hatte ursprünglich ein Physikstudium absolviert, dann aber Karriere als Rechtsanwalt gemacht und Patente für seine eigenen Erfindungen von Sonar- und Radargeräten erworben.

Im Jahre 1963 hatte Rines mit einigen gutsituierten Freunden eine Organisation mit dem Namen „Academy of Applied Sciences" gegründet, die ungewöhnliche Forschungsprojekte unterstützte. Die Akademie war keiner offiziellen Universität angeschlossen, noch hatte sie ein festgelegtes Forschungsprogramm, doch arbeiteten dort einige hochkarätige Wissenschaftler. Und viele ihrer Interessen waren ganz ähnlich gelagert wie die der unermüdlichen Jäger des Ungeheuers von Loch Ness.

Rines traf 1970 am See ein. Er befand sich in Begleitung von Martin Klein, wie Rines Absolvent des MIT, der ein hochempfindliches Side-Scan-Sonargerät entwickelt hatte, das bei der Suche nach gesunkenen Schiffen und Off-shore-Bohrungen eingesetzt wurde. Rines hatte sofort ein Erfolgserlebnis, denn Kleins Gerät zeigte riesige, sich bewegende Objekte an, die zehn- bis fünfzigmal größer waren als der größte bekannte Fisch im Loch Ness. Außerdem legte dies die Vermutung nahe, daß unter Wasser Höhlen existierten, in denen das Ungeheuer möglicherweise hauste.

Im folgenden Jahr kehrte Rines mit einer Unterwasserkamera und einer starken Stroboskop-Blitzanlage bewaffnet zurück. Sie war ihm von Harold „Doc" Edgerton geliehen worden, einem MIT-Professor, der diese Blitzanlage erfunden und die Zeitraffer-Photographie entwickelt hatte. Jahrelang war Edgerton Lichtexperte des Meeresforschers Jacques Cousteau und bei dessen Mannschaft als „Papa Blitz" bekannt gewesen. Zwei Jahre verstrichen ereignislos, dann wurde Rines schließlich 1972 mit Photographien belohnt, die zu den wichtigsten und am heißesten umstrittenen Beweisstücken im Fall des Ungeheuers von Loch Ness werden sollten.

In den ersten Morgenstunden eines Augusttages erfaßten die Sonargeräte auf dem LNI-Boot *Narwhal* unter Wasser ein großes Objekt. Einige Minuten später schossen wie wild Lachse aus dem Wasser, die offenbar irgendeinem Räuber zu entkommen suchten. Und in etwa 14 Meter Tiefe schwebend, fing die Edgerton-Kamera ein seltsames Bild ein, das großes Aufsehen erregen sollte. Das Photo, das per Computer in den Jet Propulsion Laboratories des California Institute of Technology vergrößert wurde, zeigte etwas, das viele für ein großes, flossenähnliches Glied von einem nicht sichtbaren Lebewesen hielten. Nach Schätzungen war die Flosse etwa 2,50 Meter lang und über einen Meter breit. Drei Jahre später sollte Rines dann noch aufregenderes Beweismaterial vorlegen.

An einem Junitag des Jahres 1975 wurden seine Unterwasserkameras im Abstand von sechs Stunden zweimal durch Sonarortungen ausgelöst. Aus irgendeinem Grund ließ Rines die Aufnahmen nicht sofort entwickeln, und es vergingen zwei Monate, bevor er den Film mit den 2000 Bildern in das Labor seines Freundes Charles Wyckoff brachte. Dieser, ein Genie auf dem Gebiet der Photographie, hatte den hochempfindlichen Film erfunden, mit dem man Atombombentests photographierte. Und dann staunten Rines und Wyckoff nicht schlecht.

Das erste der Photos, die aufgrund der Sonarortung aufgenommen worden waren, zeigte offensichtlich den langen, geschwungenen Hals, den runden Rumpf und die Vorderflossen eines riesigen Tieres. Am Ende des langen Halses, der teilweise im Dunkel verschwand, schien man die Umrisse eines kleinen Kopfes zu sehen. Nach Wyckoffs Berechnungen mußte der sichtbare Teil des Tieres über sechs Meter lang sein – und der Körper des Tieres war nicht vollständig auf dem Bild. Noch verblüffender aber schien das

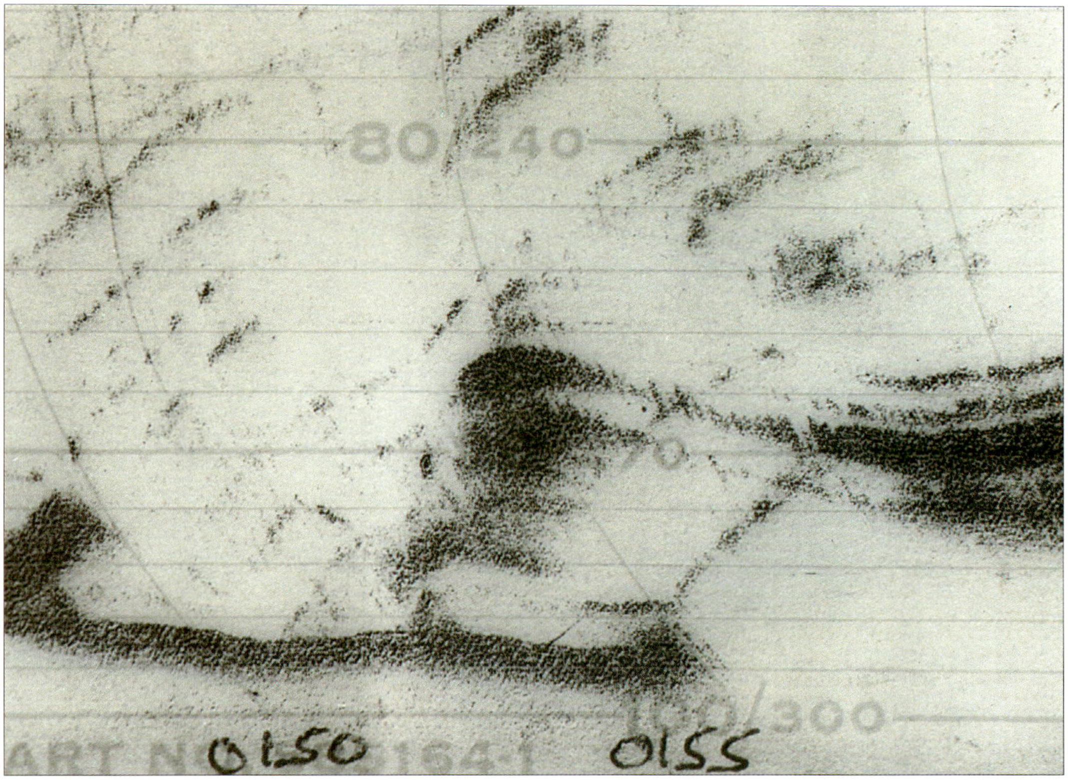

Durch eigene Sonarortungen im Loch Ness ermutigt, rüstete Robert Rines ein Sonargerät mit einer Unterwasser-Kamera und einem Blitzlichtgerät aus und verankerte es an einem Felsen in der Urquhart Bay. Es zeichnete die Bewegungen jedes Objektes, das sich innerhalb seiner Reichweite bewegte, automatisch auf (links). 1972 machte Rines' Apparat ein aufregendes Bild, auf dem, wie es scheint, eine große Flosse zu sehen ist (unten). Obwohl Skeptiker diesem Photo wenig Wert beimessen, betrachten es andere als Beweis, daß in den trüben Tiefen des Sees riesige unbekannte Wesen leben.

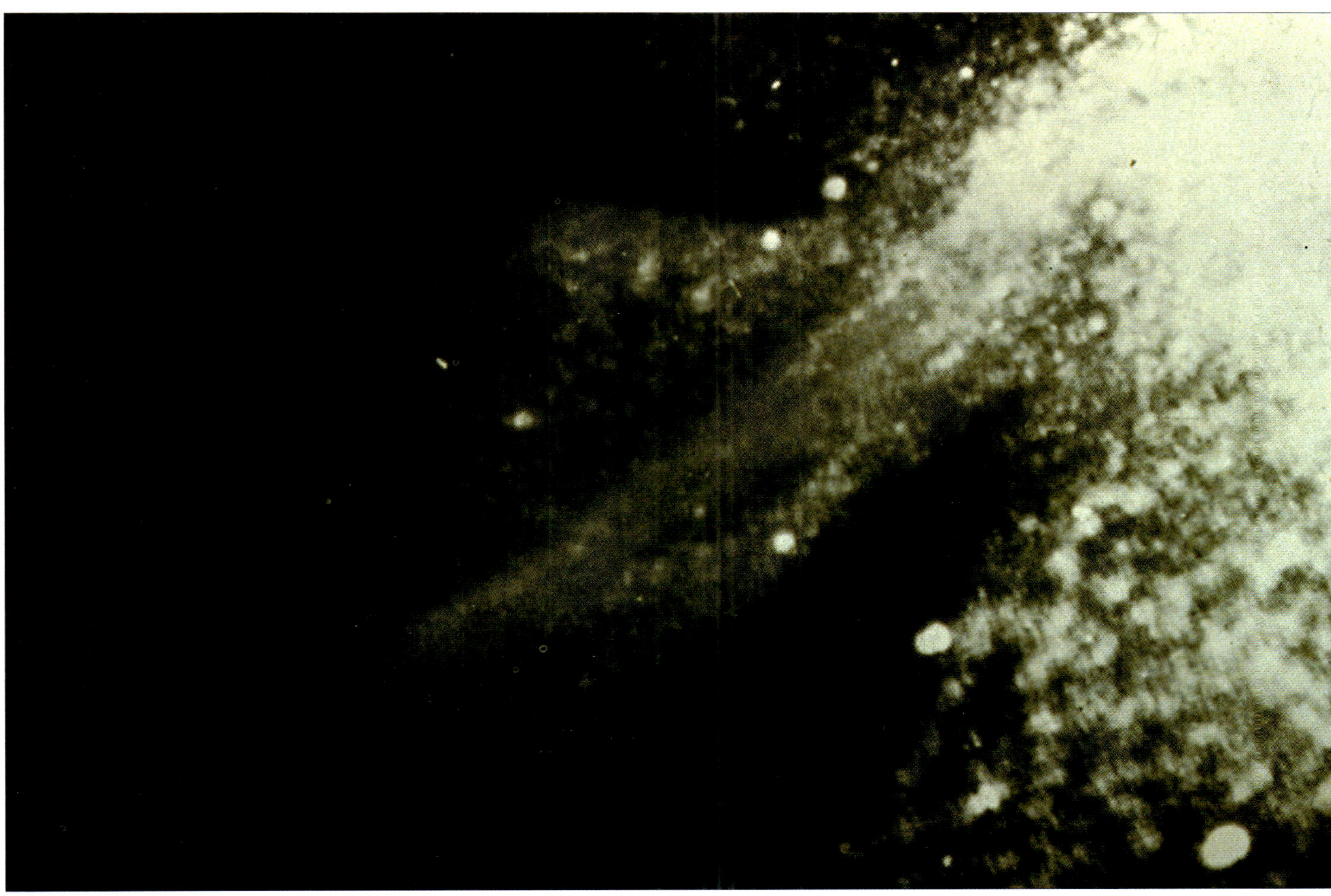

zweite Photo. Es war eine Nahaufnahme von einem seltsam runzeligen Gegenstand. Blickten endlich Forscher in das unförmige Gesicht des Ungeheuers von Loch Ness? Sie jedenfalls glaubten es. Das „Wasserspeier"-Photo, wie es genannt wurde, zeigte, wie es schien, zwei kleine Augen und zwei hornähnliche Fortsätze, deren symmetrische Anordnung für ein Lebewesen charakteristisch ist. Wyckoff schätzte, daß der Kopf eine Länge von 60 Zentimetern hatte. Die Photographien verursachten einen Wirbel, der selbst nach den Maßstäben von Loch Ness ohne Beispiel war. Zum erstenmal schien die wissenschaftliche Welt bereit, zumindest die Möglichkeit in Betracht zu ziehen, daß ein Wesen in dem See lebte, und über seine Identität nachzudenken.

Hier inspiziert Robert Rines eine Unterwasser-Kamera. Sie wurde durch Sonar ausgelöst und machte in regelmäßigen Abständen Aufnahmen, bis sich das aufgespürte Objekt nicht mehr in Reichweite befand.

Dr. George A. Zug, Reptilien- und Amphibienspezialist des National Museum of Natural History der Smithsonian Institution in Washington, D. C., zeigte sich überzeugt, daß im See eine ganze Population großer Tiere existierte, da es ausgeschlossen war, daß ein einzelnes Exemplar seit der Eiszeit überlebt hatte. Sir Peter Scott, den die Flossen-Aufnahme von 1972 zu einem Bildnis von zwei Nessies inspiriert hatte, die er zusammen mit seinen bekannten Wildvogel-Gemälden in London ausstellte, forderte die Royal Society of Edinburgh und angegliederte Universitäten auf, ein Symposium zu finanzieren, das die Photographien überprüfen sollte. Zum größten Entzücken aller Nessie-Jäger wurde dann auch tatsächlich eine solche Tagung geplant. Aber kaum hatten die Jäger etwas Achtung gewonnen, da brach ihre Glaubwürdigkeit auch schon wieder zusammen. Die Presse bekam Wind von den Photos, und sofort brachte sie die Nachricht unter reißerischen Schlagzeilen. Danach verkündeten die Wissenschaftler des British Museum, die David James um eine Prüfung der Photos gebeten hatte, ihren Urteilsspruch. Er machte die Hoffnungen der Nessie-Jäger auf Anhörung mit einem Schlag zunichte.

Wie die Wissenschaftler sagten, bewies keines dieser Photos die Existenz eines Lebenwesens im Loch Ness. Ihre Theorie lautete vielmehr, daß es sich bei dem Körper und Hals, die angeblich auf einem der Bilder zu sehen waren, in Wirklichkeit um Gasbläschen in den Luftsäcken der Larven von Büschelmücken handelte, winzigen, stechmückenähnlichen Insekten, die in schottischen Seen häufig vorkommen. Was das sogenannte „Wasserspeier"-Photo betraf, so meinten sie, daß es sich hier um ein totes Pferd oder einen Baum handeln könnte. Die zum Jahresende angesetzte Tagung in Edinburgh wurde hastig abgesagt.

Schlimmer noch, es wurden jetzt Vermutungen laut, daß die Photographen die Aufnahmen gefälscht hätten. Sir Peter Scott hatte das Ungeheuer *Nessiteras rhombopteryx* genannt, was etwa „das Ness-Wunder mit den rhombenförmigen Flossen" bedeutet. Spaßvögel bemerkten nun, daß die Worte als Anagramm aufgefaßt werden konnten und in diesem Fall „Monster hoax by Sir Peter S." beziehungsweise „Ungeheuer-Schwindel von Sir Peter S." lauteten. Rines

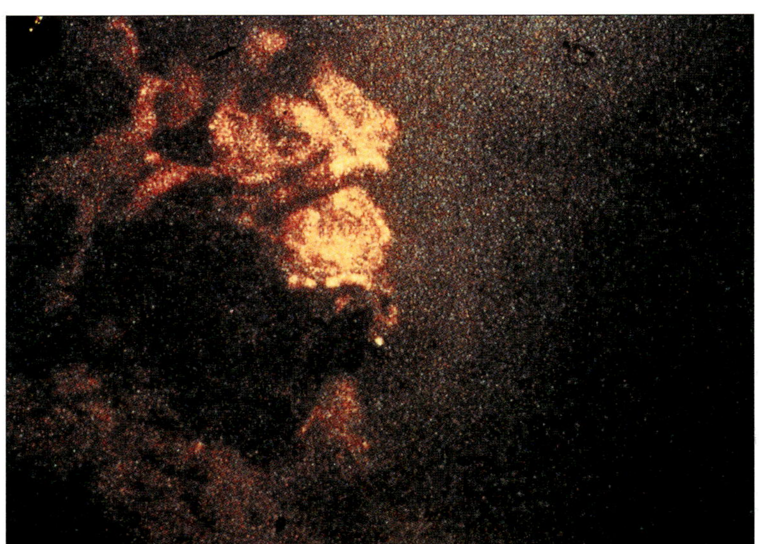

Für einige Betrachter zeigt Robert Rines' berühmtes Photo aus dem Jahre 1975 den gehörnten Kopf des Ungeheuers von Loch Ness. Neuere Beweise deuten jedoch eher auf einen Baumstumpf hin.

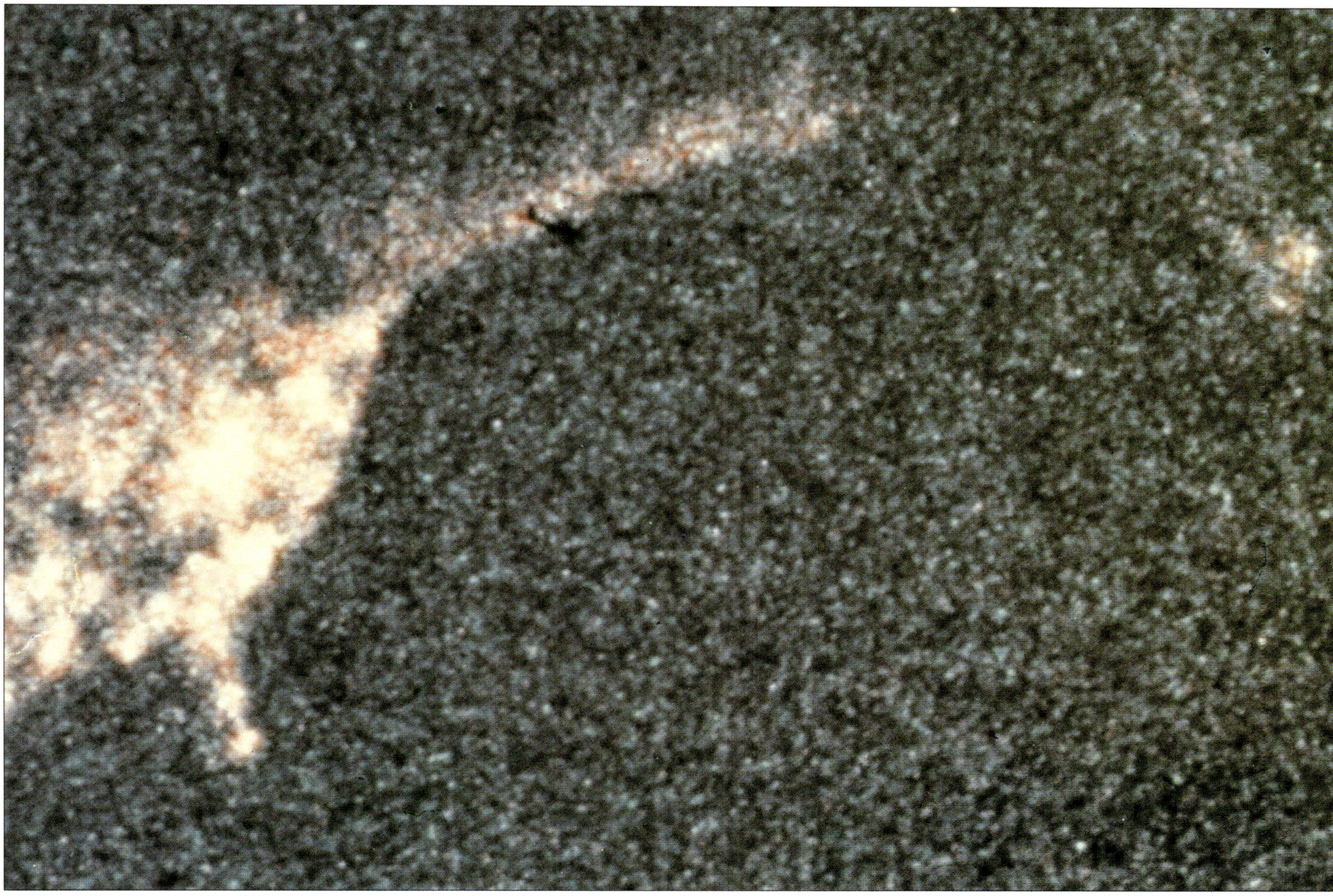

Dieses 1975 von Rines aufgenommene Photo könnte Kopf und Rumpf eines Seeungeheuers zeigen – aber auch aufsteigende Gasbläschen.

konterte bissig mit einem eigenen Anagramm, das folgenden Wortlaut hatte: „Yes, both pix are monsters. R." („Jawohl, beide Bilder sind Ungeheuer. R.")

Seit dem großen Nilpferdspuren-Schwindel im Jahre 1933 war nicht mehr soviel Spott über Ungeheuer-Jäger ausgeschüttet worden. Doch zu allen Zeiten hatte sich jeder, der Beweise für die Existenz des Ungeheuers vorlegte, Zweiflern gegenüber gesehen, die unter allen Umständen entschlossen waren, das Gegenteil zu beweisen.

Der erste Gegner, der seine Ansichten veröffentlichte, war Maurice Burton, ein angesehener Zoologe, der einmal am British Museum gearbeitet hatte. Es gab eine Zeit, da auch er fest von der Existenz des Ungeheuers überzeugt gewesen war, und er war es auch, der Dinsdale, als dieser 1960 seinen ersten Ausflug zum Loch Ness machte, eine Kamera lieh. Natürlich war Dinsdale nach seiner berühmten Beobachtung bekannt geworden, während Burton im Schatten blieb, und es wurde gemunkelt, daß diese Tatsache möglicherweise etwas mit Burtons überraschendem Meinungsumschwung zu tun hatte.

Jedenfalls mutmaßte der Zoologe in einem 1961 erschienenen Buch mit dem Titel *The Elusive Monster*, daß es sich bei den Sichtungen des Ungeheuers in vielen Fällen wahrscheinlich um einen Otter handelte, einen dem Wasserleben angepaßten Vertreter der Marderfamilie, der sich von Fischen ernährt, die in dem See sehr zahlreich vorkommen. Otter werden manchmal fast zwei Meter lang. Sie haben kleine Köpfe, lange geschwungene Hälse, auffällige Schwänze und ein glattes, dunkles Fell, das glänzt, wenn es naß ist. Und sie sind, wie Burton sagt, nur äußerst schwer ausfindig zu machen. „Ein Otter kann an einem Fluß nahe bei einem Dorf leben, und niemand merkt etwas von seiner Anwesenheit", erklärte er. Aber die Größe? Sinnestäuschung oder Einbildung, meinte Burton. Ein aufgeschreckter oder neugieriger Otter mochte vielleicht seinen ohnehin schon langen Hals recken, bis es aussah, als ragte er mindestens einen Meter aus dem Wasser – besonders für einen leicht beeindruckbaren Beobachter, der dann vielleicht die Länge des ganzen Tieres auf sechs bis acht Meter schätzte. „Die meisten Menschen, die behaupten, dieses Tier gesehen zu haben", fuhr Burton fort, „sagten gleichzeitig, daß sie erschreckt, erstaunt oder sogar entsetzt waren. In solchen

Augenblicken neigen wir dazu, Dinge weitaus größer zu sehen, als sie tatsächlich sind."

Wenn man all dies in Betracht zog, schien es, daß es sich bei Kenneth Wilsons berühmtem Photo aus dem Jahre 1934 sehr wohl um einen aufgeschreckten Otter handeln konnte. Andere Beobachter, so fuhr Burton fort, seien durch Boote, Vögel und schwimmendes Wild getäuscht worden, die durch Luftspiegelungen verzerrt wurden.

Hinsichtlich Dinsdale sagte Burton, er habe in Wirklichkeit ein Fischerboot gefilmt, und die Buckel auf dem Rücken des Ungeheuers seien nichts anderes als „eine Reihe von Südwestern einiger Männer gewesen, die vom Bug zum Heck in einem drei Meter langen Boot saßen – kein ungewöhnlicher Anblick auf dem Loch Ness". Hier allerdings stand Burtons Argumentation auf tönernen Füßen, da die meisten Fischer allein oder zu zweit hinausfuhren.

Weiter behauptete Burton, viele Sinnestäuschungen seien auf große Teppiche verrottenden organischen Materials, wie etwa Blätter, Zweige und ähnliches, zurückzuführen; wenn sich diese Teppiche zersetzten und vom Grund nach oben stiegen, dann würden Gase frei, die schließlich an der Wasseroberfläche Strömungen entstehen ließen.

Diese Theorie hat allerdings den Haken, daß es im Loch Ness offenbar gar nicht zur Entwicklung solcher Gase kommt. Nach Ronald Binns, einem anderen Skeptiker, der in seinem 1983 erschienenen Buch *The Loch Ness Mystery Solved* das Ungeheuer als Mythos entlarven wollte, verhindern Huminsäuren im See eine rasche Zersetzung. Infolgedessen zerfällt organisches Material, das zum Grund herabsinkt, in feinste Bestandteile, ohne daß dabei Gase entstehen. Binns aber stimmte mit Burton darin überein, daß viele der sogenannten Ungeheuer, die im See beobachtet wurden, in Wirklichkeit Luftspiegelungen oder Otter, Vögel, Wild und andere bekannte Tiere waren.

Auch Rines Photographien sowie die Sonarortungen waren weiterhin heftiger Kritik ausgesetzt. Im Jahre 1983 liehen sich die beiden amerikanischen Ingenieure Alan Kielar und Rikki Razdan das Floß der Akademie auf dem Loch Ness, um über Wasser 144 Sonargeräte zu installieren. Jedes sich unterhalb der Geräte bewegende Objekt von mehr als drei Metern Länge hätte Alarm ausgelöst und wäre von ih-

Dieses 1973 entstandene Gemälde „Courtship in Loch Ness" („Werbung im Loch Ness") malte Sir Peter Scott aufgrund von Robert Rines' Aufnahme einer Flosse (S. 79). Scotts Wesen erinnern an Plesiosaurier – ausgestorbene Reptilien, auf die jedoch einige der Beschreibungen von Nessie zu passen scheinen.

nen automatisch geortet worden. Doch nach mehreren Monaten kehrten die beiden Ingenieure mit leeren Händen nach Hause zurück, und als sie die älteren Unterlagen der Akademie über Nessie erneut prüften, kamen sie zu dem Schluß, daß viele der Unterwasserortungen durch Boote oder unbewegte Objekte verursacht worden waren und einige der Meßdaten Rechenfehler enthielten. Mißbilligend berichteten sie auch, Rines habe sich von einer Wünschelrutengängerin helfen lassen, um Nessie zu finden. Aber all dies war, verglichen mit ihrem nächsten Argument gegen das Flossen-Photo von 1972, von geringer Bedeutung.

Angesichts ihrer Zweifel baten die beiden Ingenieure das Labor, das die Computer-Vergrößerungen angefertigt hatte, ihnen Abzüge von der vergrößerten Flossenaufnahme zu schicken. Was sie erhielten, war körnig und undeutlich, ganz im Gegensatz zu der veröffentlichten Photographie. Berichte in den Medien über ihre Untersuchungsergebnisse schienen Rines des Retuschierens anzuklagen. Rines erwiderte, er habe verschiedene Vergrößerungen zusammengesetzt, um die Flossen-Aufnahme zu erhalten. Dies sei ein übliches Verfahren, wie er sagte, was das Labor ihm bestätigte. Dennoch geriet dadurch das überzeugendste Beweisstück für Nessies Existenz ins Zwielicht.

Auch Wilsons klassisches Photo ist weiterer Kritik ausgesetzt gewesen. Der schottische Architekt Steuart Campbell, der das Beweismaterial für Nessie einer genauen Prüfung unterzog, behauptet, daß Wilsons Photographie kompletter Betrug ist. Wie er berechnete, konnte Wilson aufgrund des Winkels, in dem die Kamera gehalten werden mußte, und des fehlenden Vordergrundes auf dem Bild nur etwa 60 Meter von dem photographierten Gegenstand entfernt gewesen sein, jedoch nicht 200 Meter, wie er Constance Whyte berichtet hatte. Und indem er die Entfernung zum Objekt übertrieb, hatte Wilson versucht, aus einem Otter ein Ungeheuer zu machen, sagte Campbell. Doch bei einer neuerlichen Untersuchung durch Ozeanographen von der University of British Columbia ergab sich wiederum, daß Wilsons umstrittenes Photo tatsächlich ein großes Tier zeigt, das seinen Hals über einen Meter aus dem Wasser streckt.

In ihrem Bestreben, die Sichtungen des Ungeheuers unglaubwürdig zu machen, haben die Skeptiker Schützenhilfe durch die Scharen offenkundiger Betrüger und Wichtigtuer erhalten, die in der Kontroverse um den Loch

Ness auch ihren Part spielten. Der dreisteste unter ihnen mag Frank Searle gewesen sein, ein Monsterjäger ganz besonderer Art aus eigenen Gnaden, der über Jahre hinweg den ernsthaften Suchern das Leben vergällte.

Searle, ein ehemaliger Fallschirmjäger der britischen Armee, arbeitete als Manager eines Londoner Fruchthandelsunternehmens, als er im Juni 1969 ein kleines Zelt auf einem Bauernhof nahe dem Loch Ness aufschlug. Zunächst galt er beim LNI als ein weiterer eifriger Nessie-Jäger, und man lieh ihm für seine Suche sogar eine Filmkamera. Während der folgenden drei Jahre behauptete er mehrmals, eine Beobachtung gemacht zu haben, konnte aber nie Photos vorlegen, die dies bewiesen.

Im Juli 1972 jedoch machte Searle ein Photo, das andere Forscher in Jubel ausbrechen ließ. Es zeigte einen großen Buckel, der sich in einem Wasserstrudel befand. Einige Monate später war er im Besitz von drei weiteren Bildern – mit einer Reihe von Buckeln, einem Hals und einem großen Kopf –, die er angeblich aufgenommen hatte, als das Wesen plötzlich neben seinem Boot erschienen, getaucht und auf der anderen Seite wieder nach oben gekommen war. Searle stellte ein Album über Nessie zusammen und zog internationale Aufmerksamkeit auf sich. Aber wegen seines Reklamewirbels wurde er in den Augen ernsthafter Forscher bald zu einer peinlichen Figur.

In dem „Loch Ness Information Center", einer Hütte neben seinem Wohnwagen, verkaufte er fortan Postkarten von einigen seiner Aufnahmen wie auch eine Tonbandkassette mit seiner Version von der Loch-Ness-Geschichte. Darüber hinaus veröffentlichte er ein Buch mit dem Titel *Nessie: Seven Years in Search of the Monster*, in dem er sich über seine mangelnde offizielle Anerkennung beschwerte, die Bemühungen des LNI wie auch von Rines und Dinsdale verunglimpfte und mit den jungen Monster-Jägerinnen prahlte, mit denen er seinen Wohnwagen geteilt hatte.

Im Laufe der Jahre verlor Searle jede Glaubwürdigkeit, die er einmal bei den Forschern von Loch Ness genossen hatte. Skeptiker warfen ihm vor, er habe für seine zwei Dutzend angeblichen Beobachtungen niemals einen Zeugen gehabt. Von denen, die seine Aufnahmen prüften, hielten einige die „Ungeheuer" für nichts anderes als unscharf aufgenommene, im See treibende Äste oder Bäume. Steuart Campbell beschuldigte Searle sogar einmal, die Photos schlicht zu fälschen, indem er plump das Bild eines Reptils in eine Aufnahme des Sees montierte. Doch lockte Searle auch weiterhin naive Touristen und andere Leichtgläubige an, bis er schließlich Ende 1983 ankündigte, er wolle dem See den Rücken kehren, um fortan nach vergrabenen Schätzen zu suchen. Ironischerweise hatte er aber viele der ernsthaften Forscher überdauert, und die Kontroverse um seine Aufnahmen hat einen kritischen Aspekt der Nessie-Jagd erhellt: Die Schwierigkeit, zuverlässige, jeder Prüfung standhaltende Photos zu erlangen – ein Problem, das Leute wie Dinsdale als den Fluch von Loch Ness bezeichneten.

Für Photographen ist das Ungetüm ein äußerst frustrierendes Motiv. Es taucht so rasch auf, daß es sogar erfahrene Forscher völlig überrascht, die es nur verblüfft anstarren, bis es wieder untertaucht. Und manchmal scheint es sich bloß einen Augenblick lang im Augenwinkel zu materialisieren. Erstaunlich oft versagt die Kamera selbst, oder eine entscheidende Photoplatte geht verloren oder zerbricht. Angesichts dieser offensichtlichen Mißgeschicke und der Nichtfaßbarkeit des Tieres haben einige phantasievolle Forscher Mutmaßungen darüber angestellt, ob Nessie vielleicht gar kein Ungeheuer aus Fleisch und Blut sei, sondern vielmehr eine Art paranormales Phänomen. Und tatsächlich hat Loch Ness eine okkulte Tradition. So weiß die Legende von einem Geisterschiff zu berichten – vielleicht ist es das, in dem der heilige Columba vor mehr als 1400 Jahren über den See fuhr –, das alle 20 Jahre erscheint, während es bläulich und wie von Zauberhand durch die nächtlichen Gewässer segelt. Angeblich wurde es 1922, 1942 und 1962 gesehen, bislang ist aber von einem Erscheinen im Jahre 1982 nichts bekannt geworden. Zu Beginn dieses Jahrhunderts kaufte der Engländer Aleister Crowley, der, wie es heißt, ein Schwarzmagier war, nahe beim See ein Haus, erklärte sich zum Grundherrn und zitierte angeblich solch schreckliche Dämonen herbei, daß sein Pförtner den Verstand verlor und seine Frau und Kinder umzubringen versuchte. Es gab auch Gerüchte um Menschenopfer, und bis zum heutigen Tag meiden Einheimische diesen Ort.

Auch das Ungeheuer selbst scheint von einer gruseligen Aura umgeben. Einige Leute halten es für so böse, daß der Geistliche Dr. Donald Omand im Jahre 1973 die unheilvolle Atmosphäre, die er in der Gegend zu empfinden glaubte, zu exorzieren versuchte. Zumindest was das Ungeheuer selbst betraf, mißlang ihm dies offenbar, und er ging fort in der Überzeugung, daß es bei seinen Verfolgern „psychische Labilität" verursachte. Enthusiastische Nessie-Jäger bestreiten diese Behauptung entschieden, obgleich sie einräumen, hin und wieder von Angst gepackt zu werden. Und über die Jahre sind viele während ihrer Suche erkrankt. Tom Dinsdale beispielsweise fühlte sich mitunter an verschiedenen Plätzen entlang des Ufers so unbehaglich, daß er überlegte, ob an diesen Orten durch in alten Zeiten verübte Gewalt ein „Hauch des Bösen" hinterlassen worden war.

Doch obwohl Dinsdale die paranormalen Aspekte des Ungeheuers von Loch Ness nicht außer acht ließ, war er – wie die meisten seiner Kollegen – der festen Ansicht, die zahlreichen Sichtungen im Lauf der vielen Jahre ließen sich rational erklären. Zu den populärsten Theorien gehört immer noch die, daß es sich bei dem Wesen um einen Plesiosaurier handelt, der zu einer kleinen versprengten Population gehört, die irgendwie die letzte Eiszeit überlebte und sich dem Leben im Loch Ness anpaßte.

Vertreter der Plesiosaurier-Theorie verweisen auf den Fang eines Quastenflossers im Jahre 1938, eines riesigen prähistorischen Fisches, von dem man bis dahin annahm, ihn habe das gleiche Schicksal ereilt wie die Plesiosaurier. Allerdings ist der Plesiosaurier nicht das einzige Urwelt-Wesen, das zur Identifizierung von Nessie herangezogen wird. So stellte der ehemalige Marine-Ingenieur F. W. Holiday, der das Ungetüm lange verfolgte, die These auf, es handele sich um einen riesigen Wasserwurm, von dem man bisher nur versteinerte Überreste gefunden hat – die allerdings maximal 35 Zentimeter lang sind. Aber diese Meinung teilen nur wenige. Kritiker verweisen darauf, daß der Körperdurchmesser des Wurmes niemals den des beobachteten Ungeheuers erreichen könnte.

Viele Forscher, unter ihnen auch Adrian Shine, ein Londoner Amateur-Naturforscher, der im Sommer 1973 beim LNI die Arbeit aufnahm, glauben, daß ein Fisch, vielleicht eine besondere Aalart, die naheliegendste Lösung für das Geheimnis von Loch Ness ist. Im See wimmelt es von Lachsen und Aalen, die eine beachtliche Größe erreichen können. Aber Gegner dieser Theorie bemerken, daß Fische die Tiefenunterschiede nicht in der Geschwindigkeit überwinden könnten, wie sie durch Sonarortungen festgestellt wurde. Aale schwimmen außerdem mit horizontalen Wellenbewegungen, während das Ungeheuer auf- und niedergehende Schlängelbewegungen machen soll. Und wenn es sich wirklich um einen Fisch handelte, wie erklären sich dann die Beobachtungen an Land?

So kommen von den bekannten Lebewesen nur noch Säugetiere in Frage. Nach Ansicht einiger Wissenschaftler könnten dies Tiere wie Robben, Wale oder Seekühe sein, die die vermutete Größe von Nessie erreichen und lange Zeit im Süßwasser überleben können. Mackal, der Tierarten ins Auge faßte, die von einer großen Meeresschnecke bis hin zu einer riesigen molchähnlichen Amphibie reichten, scheint sich schließlich für das Zeuglodon – den Basilosaurus – entschieden zu haben, einen langen, primitiven Wal, der, wie man bisher glaubte, vor 20 Millionen Jahren ausgestorben ist.

Robben und Otter mit außergewöhnlich langen Hälsen bleiben für diejenigen die bevorzugten Anwärter, die nach einer konventionellen Erklärung für das Ungeheuer suchen. Diejenigen aber, die Nessie für ein ganz und gar ungewöhnliches Lebewesen halten, führen, wie Sir Edward Mountain schon im Jahre 1934, dagegen an, daß Robben gesellige Tiere sind, im Wasser spielen und an Land kommen. Otter könnte dagegen sehr viel eher im Verborgenen leben, doch sind sie dem Wasser nicht so gut angepaßt, daß sie sich dort ständig aufhalten und vermehren könnten, wie es das Ungeheuer anscheinend tut. Noch könnten sie bis in über 200 Meter Tiefe hinabtauchen, wo Sonargeräte sich bewegende Objekte geortet haben.

Wenn schon die Identität des Ungetüms ein Rätsel bleibt, so ist es ein noch größeres Rätsel, wie viele es wohl gibt. Sowohl Nessie-Jäger als auch Skeptiker reden im allgemeinen in der Einzahl, aber manchen Berichten zufolge wurden auch schon zwei oder drei dieser Geschöpfe zusammen gesehen, und es herrscht breite Übereinstimmung darüber, daß ein einzelnes Exemplar nicht jahrhundertelang im See hätte überleben können. Aufgrund der Größe des Sees und seines Nahrungsangebots hat George Zug von der Smithsonian Institution geschätzt, daß die Anzahl nessieartiger Lebewesen bei einem Gewicht von je etwa 1350 Kilo-

Hier installieren die Teilnehmer einer Unterwasser-Expedition im trüben Wasser der Urquhart Bay eine sonargesteuerte Kamera. Die Gruppe wurde 1976 vom „National Geographic Magazine" zum Loch Ness entsandt. Sie versuchte, Nessie vor die Linse zu locken, indem sie Lichter aufstellte, über Lautsprecher die Laute von Fischen übertrug und Köder im Wasser auslegte, um ihre Neugierde zu wecken – doch alles vergebens.

gramm zehn bis 20 Exemplare betragen könnte, und bei einem Gewicht von 150 Kilogramm bis zu 150 Tiere.

Während andere diese Debatte fortsetzen, wollen Nessies Jäger nichts anderes, als ihre Existenz beweisen. Und deshalb kehrten Rines und seine Akademie, zusammen mit zahlreichen anderen Forschern, Jahr für Jahr an den See zurück, in der Hoffnung , auf diese eine, entscheidende Frage eine Antwort zu finden. Doch seit 1975 hat sich nichts ergeben, was so beeindruckend wie die Rines-Photos war.

Aufgrund dieser Photographien kam die Akademie 1976 mit finanzieller Unterstützung der *New York Times* wieder zum Loch Ness, um die bisher aufwendigste und technisch bestgerüstete Suchaktion durchzuführen. Rines sammelte ein Team von mehr als zwei Dutzend hochangesehenen Wissenschaftlern aus den Vereinigten Staaten, Kanada und Großbritannien um sich, unter ihnen auch Edgerton und Wyckoff. Die Expedition rückte mit rund einer Tonne Ausrüstungsmaterial an, und im Juni baute man ein wahrhaftes Arsenal an Sonargeräten und Kameras auf, darunter eine 16-mm-Kamera mit Zeitraffer und Stroboskop-Blitzanlage, die alle 15 Sekunden ein Bild machte, zwei 35-mm-Stereo-Kameras mit dem stärksten Stroboskop-Blitz, der bis zu diesem Zeitpunkt im Loch Ness eingesetzt worden war, und obendrein eine Fernsehkamera, die rund um die Uhr alles filmte, was vor ihre Linse kam.

Die Geräte wurden an einem Floß befestigt und in 13 Meter Tiefe hinabgelassen. Das Floß selbst war in 40 Meter tiefem Wasser nahe Urquhart Castle verankert. Stromleitungen und ein Fernsehkabel führten zu einem Kontrollraum, der sich in einem kleinen Häuschen am Ufer befand. Auf Monitoren überwachten die Wissenschaftler in Schichten die Zeitraffer-Kamera, die alle 15 Sekunden ein Bild schoß. Sie waren bereit, sofort die Stroboskop-Blitzanlage der 35-mm-Stereo-Kameras auszulösen, wenn sie etwas Verdächtiges sehen würden.

Zwei Monate lang beobachteten die Mitglieder des Forschungsunternehmens den Monitor und tasteten mit ihren Sonargeräten das Wasser des Sees ab. Aber sie kehrten heim, ohne einen eindeutigen Beweis oder Gegenbeweis zu haben. In dem außergewöhnlich trockenen, heißen Sommer waren die Temperaturen in den oberen Wasserschich-

Während der Operation Deepscan durchkämmten im Oktober 1987 vierundzwanzig mit Sonargeräten ausgerüstete Schiffe weite Teile des fast 40 Kilometer langen Loch Ness. Sie ließen einen Schallschirm (unten) entstehen, dem kein sich bewegendes Objekt hätte entgehen können. Das Unternehmen lieferte jedoch keinen Beweis für die Existenz von Nessie.

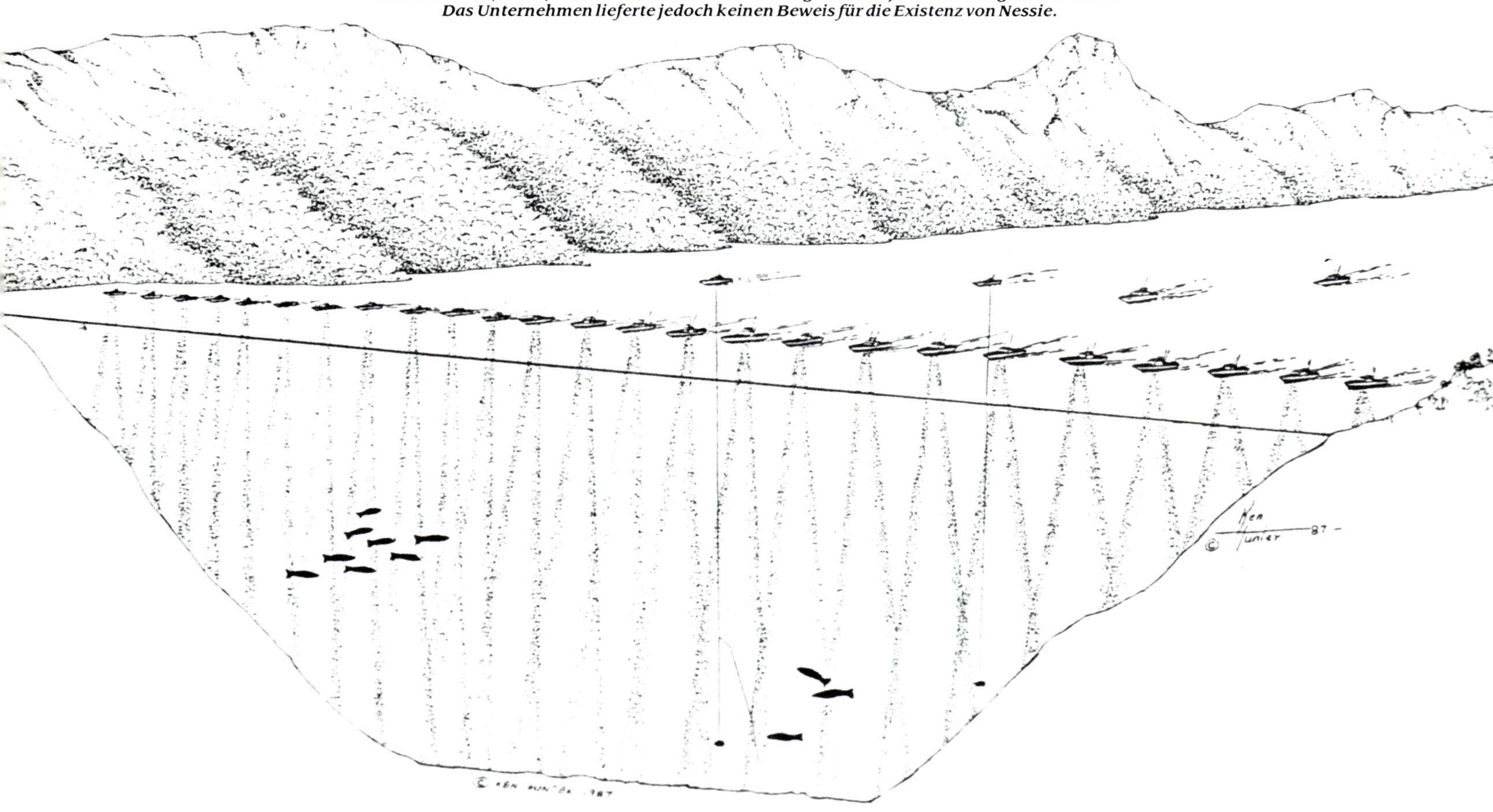

Adrian Shine, der die Operation Deepscan vor Ort leitete, kam erstmals in den frühen 70er Jahren zum Loch Ness. Shine, den einige Leute für publicitysüchtig halten, machte auch auf ein Ungeheuer Jagd, das im Loch Morar hausen soll.

ten des Sees acht Grad über die üblichen fünf Grad Celsius geklettert, und man vermutete, daß sich entweder die meisten Lebewesen in tiefere Regionen zurückgezogen hatten, oder daß die Trockenheit jenes Sommers den Wasserspiegel so weit hatte sinken lassen, daß die Lachse auf ihren Laichwanderungen behindert wurden und sich nicht wie sonst an den flachen Stellen des Sees aufhielten, um Nessie zum Fressen aus den Tiefen zu locken. Die 108 000 Aufnahmen der Blitzlichtkameras zeigten kaum Forellen, Lachse oder Aale, geschweige denn ein Ungeheuer. Und auch ein Infrarot-Meßgerät, das Temperaturunterschiede von weniger als einem Grad feststellen sollte, die durch die Atmung des Geschöpfes bedingt waren, erbrachte ebenfalls keinerlei brauchbare Ergebnisse.

Und doch konnte das Unternehmen nicht als ein Fehlschlag gewertet werden, denn es war zu einer Reihe faszinierender und verwirrender Vorfälle gekommen. Am 16. Juli gegen Mitternacht beispielsweise beobachtete Charles Wyckoff gerade den Fernsehmonitor, als er bemerkte, daß die ganz in der Nähe installierte Zeitraffer-Kamera aus dem Blickfeld verschwand, so als würde Schlamm das Bild trüben. Er löste die Blitzanlage aus, aber das Wasser war mittlerweile so düster, daß er das starke Licht kaum noch erkennen konnte. Wenige Minuten später war das Wasser wieder so klar geworden, daß er die Zeitraffer-Kamera sah – doch schien sie sich heftig nach rechts aus dem Bild zu bewegen. Noch einmal betätigte er die Blitzanlage. Doch die Kamera war fort.

Eine Stunde später, etwa um ein Uhr morgens, kam die Kamera erneut ins Blickfeld, offenbar ohne Schaden genommen zu haben. Dazu schrieb Dennis Meredith, Chefredakteur der Zeitschrift *Technology Review* und Berichterstatter des Forschungsunternehmens: „Dann war alles vorbei, und Charles blieb verwirrt zurück. Er hatte keine Ahnung, ob er auf das Ungeheuer gestoßen war."

Es geschahen auch noch andere seltsame Dinge. In der zweiten Junihälfte installierten die Wissenschaftler eines ihrer Sonargeräte im Bereich der aufgehängten Kameras, das alles, was dort umherschwamm, ortete. Am 20. Juni entdeckten sie auf dem Schirm des Aufzeichnungsgerätes zwei Objekte, die Kurven beschrieben – vielleicht zwei große Lachse. Am 24. Juni dann sahen die Aufzeichnungen aber anders aus – es waren große, massive Objekte, weit größer als Fische. Sie stellten für den Sonarstrahl einen etwa zwei Meter breiten Widerstand dar, erschienen um 7.18, 8.52 und 8.56 Uhr und verweilten nur wenige Sekunden in dem Strahl, bevor sie wieder verschwanden. Am 25. und 28. Juni kamen andere große Objekte in den Bereich des Sonarstrahls, aber nicht nahe genug, um photographiert zu werden. Als dann am 30. Juni um 22.44 Uhr Charles Wyckoffs Frau Helen das Sonargerät überwachte, konnte sie beobachten, wie ein großes Objekt in etwa 110 Meter Entfernung in den Strahl kam und sich näherte, bis es innehielt und etwa 70 Meter von der Kamera entfernt im Wasser schwebte. Für eine Aufnahme war es immer noch zu weit entfernt, und kurz darauf machte es kehrt und verschwand. Am 1. Juli um 5 Uhr schließlich erfaßte der Sonarstrahl ein neun Meter breites Objekt, das sich rund 90 Meter von der Kamera entfernt befand. Charles Wyckoff hatte Dienst, und mit wachsender Aufregung beobachtete er, wie das Etwas für etwa drei Minuten in dem Strahl verharrte. Dann stürzte er aus der Hütte und rannte zum Steg, „doch nur der graue Nebel über dem Wasser empfing ihn", schrieb Meredith.

War das Ungeheuer endlich doch noch aufgetaucht? Diese Frage konnte niemand beantworten. Aber als die Forscher abreisten, taten sie es, wie Meredith schrieb, „in der absoluten Gewißheit, daß es im Loch Ness ein Ungeheuer gab. Eventuelle Zweifel hatten sich bei der sorgfältigen Prüfung des bisherigen Beweismaterials, bei Gesprächen mit vertrauenswürdigen Einheimischen und aufgrund ihrer eigenen Beweise zerstreut. Mit Ausnahme der Sonaraufzeichnungen waren diese Beweise für die Existenz des Tieres zweifellos ohne wissenschaftlichen Wert. Doch bei jeder wissenschaftlichen Kontroverse bildet das zulässige Beweismaterial lediglich die Spitze des Eisberges. Hinter den unumstößlichen, greifbaren Beweisen verbirgt sich stets eine riesige Menge von Hinweisen, Andeutungen und selbst Mutmaßungen, die eine Theorie stützen."

Für die angesehenen Wissenschaftler Edgerton und Wyckoff war der Fall überzeugend genug, um neben die Sonaraufzeichnungen die Worte *Nessiteras rhombopteryx* – das Ness-Wunder mit den rhombenförmigen Flossen – zu schreiben. Dies war der wissenschaftliche Name, den Sir Peter Scott dem Ungeheuer 1962 gegeben hatte.

In der Zwischenzeit waren auch die Briten wieder auf der Bildfläche erschienen. Nachdem das LNI mit seinen Mitteln und seiner Moral fast am Ende gewesen war, hatte es seine Lager abgebrochen und sich aufgelöst. Doch bereits zwei Jahre später trafen sich viele der Forscher wieder, um sich zu den kristallklaren Wassern des Loch Morar an der Westküste Schottlands zu begeben, wo das Ungetüm Morag hausen sollte. Nach der Legende war eine Sichtung von Morag ein Omen für den Tod eines Mitglieds des Gilles-Clans. Für die Forscher jedoch belebten Berichte vom Erscheinen Morags die Suche nach Seeungeheuern neu.

Seit 1969 hatten sie die Geschehnisse von Loch Morar verfolgt. Damals erreichte sie die Meldung von einem ungestümen Auftritt Morags. Nach dem Bericht rammte es an einem Sommerabend ein Boot mit zwei Lastwagenfahrern, die gerade von einem Angelausflug zurückkehrten. Duncan McDonnell, einer der Angler, versuchte das Ungeheuer mit einem Ruder zu vertreiben, aber das Ruder zerbrach. Erst nachdem sein Freund William Simpson sein Gewehr gepackt und einen Schuß abgefeuert hatte, tauchte das Ungeheuer weg.

Über mehrere Sommer hinweg hatten die Jäger von Loch Ness regelmäßig ihre Suche unterbrochen, um einen „Arbeitsurlaub" am Loch Morar zu verbringen und sich der Jagd auf Morag anzuschließen. Im Jahre 1974 verlegten sie ihr Hauptquartier dorthin und nannten ihre Unternehmungen fortan „Loch Ness and Morar Project", dessen Leitung Adrian Shine übernahm. Aber auch wenn die Forscher nun ihre Aufmerksamkeit teilten, setzten sie ihre Arbeit beim Loch Ness doch fort, und 1982 wurde der See erneut vom Wasser und aus der Luft beobachtet.

In jenem Sommer durchforschten die Leute vom Loch Ness and Morar Project tags wie nachts insgesamt 1500 Stunden lang mit Sonargeräten das Wasser des Sees. Die Zahl der Ortungen war ungewöhnlich hoch, und bei den meisten konnte es sich nicht um Fische handeln – oder zumindest nicht um irgendeine bekannte Art. Doch weder an der Wasseroberfläche noch vor den Unterwasserkameras zeigte sich etwas – vielleicht, weil ein Luftschiff aus Italien eingetroffen war, um sich an der Suche zu beteiligen, und 15 Stunden über dem See schwebte. Möglicherweise reichte sein riesiger Schatten aus, um sämtliche Lebewesen in ihre Verstecke zurückzutreiben.

Im Jahre 1987 startete ein weiteres großes Unternehmen unter der Leitung von Shine. Es hieß „Operation Deepscan" und war die ausgedehnteste Sonarsuche, die je in dem riesigen See durchgeführt wurde. Nebeneinander aufgereiht, ließen zwei Dutzend Boote einen breiten Sonarschirm entstehen, und drei Tage lang bewegte sich die Flotte wie eine Tanzgruppe auf dem Wasser hin und her, während sie unaufhörlich die Tiefen abtastete. Es wurden lediglich drei Ortungen registriert, aber eine davon verwirrte sogar die etwas skeptischen Ingenieure, die für die Sonargeräte verantwortlich waren. Nicht weit von Urquhart Castle zeigte das Aufzeichnungsgerät ein großes Objekt, das sich 200 Meter unter der Wasseroberfläche langsam dahinbewegte. Dazu meinte Darrell Lowrance, Präsident einer Elektronikfirma in Oklahoma, der für das Projekt Mittel und Sonargeräte zur Verfügung gestellt hatte: „Hier ist etwas, das wir nicht verstehen, etwas, das größer ist als ein Fisch, vielleicht irgendeine unbekannte Tierart. Ich weiß es nicht."

Es gab nichts, was die Existenz des Ungeheuers bewies, und auch nichts, was dagegen sprach. Notgedrungen mußten deshalb die Nessie-Jäger die Suche auf einen weiteren Sommer vertagen, in dem die moderne Technik vielleicht endlich obsiegen wird. Oder vielleicht zeigt das Ungeheuer Erbarmen und posiert kurz für eine perfekte Photoserie, die alle Zweifel an seiner Existenz ausräumen würde.

Das Ungeheuer des Kongo

Seit mehr als 200 Jahren kursieren in Zentralafrika Geschichten von klauenfüßigen, nilpferdgroßen Wesen mit langen Hälsen und Schwänzen. Wie es heißt, greifen diese Tiere Kanus, die in ihre Nähe kommen, sofort an und töten alle Menschen, die sich in ihnen befinden. Einmal soll ein Pygmäenstamm eines der Tiere mit Speeren erlegt und später sein Fleisch verzehrt haben, doch nicht lange darauf wurde das Dorf des Stammes von geheimnisvollen Bränden, Krankheiten und Todesfällen heimgesucht. Die Kongolesen nennen dieses schreckliche tropische Ungeheuer Mokele-mbembe.

In den Jahren 1980 und 1981 unternahm der amerikanische Biochemiker Roy P. Mackal zwei Expeditionen in die Likouala-Region, ein riesiges, tückisches Sumpfgebiet in der Volksrepublik Kongo, in das bisher nur wenige Menschen vorgedrungen sind. Mackal hoffte, dort eine der geheimnisvollen Kreaturen zu finden und photographieren zu können. Gemeinsam mit seinen Kollegen James Powell und Richard Greenwell sammelte Mackal unter der weit verstreut lebenden Bevölkerung Dutzende von Augenzeugenberichten über den Mokele-mbembe. Viele der Schilderungen ähnelten einander auffallend, und hinsichtlich Größe, Freßgewohnheiten und Aussehen des Tieres gab es bemerkenswerte Übereinstimmungen mit einem kleinen Elefantenfuß-Saurier, der, wie man allgemein glaubte, vor mehr als 60 Millionen Jahren ausgestorben war.

Mackal selbst bekam den angeblich noch lebenden Saurier nicht zu Gesicht, doch will ihn der kongolesische Biologe Marcellin Agnagna, der den Amerikaner auf seiner zweiten Expedition begleitete, auf einer späteren Forschungsreise gesehen haben. Von der dramatischen und nicht ungefährlichen Suche nach einem Beweis für die Existenz des Mokele-mbembe wird auf den folgenden sechs Seiten berichtet.

Roy Mackal (zweiter von links) fährt mit Richard Greenwell und Marcellin Agnagna (zweiter und dritter von rechts) den Ubangi hinauf.

Die dichten Dschungel und dunstverhangenen Flüsse und Sümpfe, die weite Teile des afrikanischen Kongo bedecken, sollen die Heimat eines Wesens sein, das Mokelembembe genannt wird. Todbringende Schlangen und Krokodile, Moskitoschwärme, drückende Hitze und extreme Luftfeuchtigkeit lassen diese Region wenig einladend erscheinen. Da sich diese unwirtlichen Bedingungen, die für Forscher beträchtliche Gefahren bergen, seit vielen Jahrmillionen praktisch nicht verändert haben, vermuten einige Kryptozoologen, daß in den kaum zugänglichen Gebieten des Kongo möglicherweise saurierartige Tiere überlebt haben könnten und bis heute weiterexistieren würden.

Mackal untersucht einen Fußabdruck, der vom Mokele-mbembe stammen könnte – oder von einem kleinen Elefanten.

Üppige Pflanzen verbergen das angebliche Versteck eines Mokele-mbembe am Likouala-aux-Herbes. Wie ein kongolesischer Armeeoffizier behauptete, hatte er sich hier einem solchen Wesen bis auf zehn Meter genähert. Die Tiere sollen in den Flußböschungen höhlenartige Verstecke graben.

Hauptnahrung des pflanzenfressenden Mokele-mbembe soll die Frucht der Landolphia (rechts) sein. Nach Mackal hat sie einen „herbsüßen Geschmack, anders als alles, was ich bisher gegessen habe". Als die Wasserrinnen zu flach wurden und mit dem Kanu kein Durchkommen mehr war, mußten sich Mackal und seine Leute mitunter in hüfthohem Wasser ihren Weg durch die Sümpfe bahnen. Entnervende Begegnungen mit Schlangen wie giftigen Gabunvipern und Mambas erschwerten das Vorankommen zusätzlich. Unten ist Richard Greenwell (hier in Begleitung eines Führers) auf der Suche nach Flachlandgorillas, Tieren, die ebenso scheu zu sein schienen wie der Mokele-mbembe; Greenwell ist sorgfältig bemüht, seinen Photoapparat vor dem Wasser zu bewahren.

Marcellin Agnagna zeigt eine Szizze des Wesens, das er 1983 in einem kongolesischen See gesehen haben will. Da der Biologe Probleme mit seiner Kamera hatte, konnte er keine Beweise zurückbringen; er hegte aber keinen Zweifel daran, daß das beobachtete Tier ein Mokele-mbembe war.

Das Bild eines Mokele-mbembe, das von Roy Mackal in Auftrag gegeben worden war, zeigt ein Wesen, das an einen Elefantenfuß-Saurier erinnert. Auf die Frage, ob es denkbar sei, daß ein solches Tier heute noch auf der Erde lebe, sagte Mackal: „Ich gebe zu, daß meine persönliche Meinung von einer gewissen Romantik gefärbt ist, aber gewiß nicht so stark, daß ich große Risiken auf mich nehmen oder sogar mein Leben aufs Spiel setzen würde, um einem Traum nachzujagen, der jeder Realität entbehrt."

KAPITEL 3

Auf der Suche nach Bigfoot und Yeti

Was immer diese Kreatur auch sonst sein mochte, so war sie doch höchstwahrscheinlich weiblich. Sie hatte bei einem umgefallenen Baum neben dem Fluß gekauert, als sie das Schnauben eines Pferdes vernahm und sich erhob. Die erstaunlich große Gestalt wandte sich um und starrte über das sonnengefleckte Wasser auf die beiden Reiter, durch die ihre Ruhe so plötzlich gestört worden war.

Ihr unvermutetes Aufrichten – möglicherweise auch ihr Geruch – ließ die Pferde scheuen. Sie wieherten entsetzt und wichen zurück. Das vordere Pferd bäumte sich auf, so daß sein erfahrener Reiter aus dem Sattel rutschte. Das war der Kreatur zuviel. Offenbar beunruhigt, obwohl nicht allzusehr erschreckt, rannte sie in langen, weichen Sätzen über Kies und sandigen Grund davon. Der abgeworfene Reiter kam wieder auf die Beine, und während er hinter ihr herstolperte, hielt er ein glänzendes Ding in ihre Richtung. Inzwischen versuchte sein Begleiter, der sich etwas weiter weg befand, sein Reittier und ein Packpferd zu besänftigen.

Der Mann, der von seinem Pferd abgeworfen worden war, hieß Roger Patterson, ein ehemaliger Rodeo-Reiter, Erfinder und erklärter Verfechter der Existenz des Bigfoot – oder Großfußmenschen –, wie man in der Umgangssprache eine Rasse behaarter Primaten nennt, die in den Wäldern im Nordwesten der Vereinigten Staaten leben sollen, wie auch im benachbarten Kanada, wo die Wesen als Sasquatchs bekannt sind. Nur wenige Menschen behaupten von sich, diesen Tieren begegnet zu sein. Hauptbeweis für ihre Existenz – und Ursprung ihres amerikanischen Namens – sind eine Reihe riesiger Fußabdrücke, die im Laufe der Jahre in abgelegenen, dichtbewaldeten Gebieten entdeckt wurden.

Patterson – ein kleiner, drahtiger, zäh wirkender Mann – jagte dem Bigfoot schon seit Jahren nach, und im Oktober 1967 hatte er sich wieder einmal auf die Suche gemacht. Zusammen mit seinem Freund Bob Gimlin kampierte er auf der Suche nach Spuren nun schon seit über einer Woche im angeblichen Revier des Bigfoot – im bewaldeten Hochland Nordkaliforniens nahe der Grenze zu Oregon.

Es war Freitag, der 20. Oktober, etwa 13.15 Uhr, als sich die beiden Reiter am Bluff Creek, einem Fluß, der in den Klamath River mündet, ihren Weg nach Norden suchten. Gimlin lenkte das Packpferd an dem flachen, etwa 30 Meter breiten Flußbett entlang. Das Flüßchen selbst befand sich zu ihrer Linken. Es war schmal und nicht einmal 30 Zentimeter tief. Vor ihnen lag, quer über dem Wasser, ein etwa fünf Meter hohes Gewirr aus Stämmen und Bäumen, das ihnen die Sicht versperrte.

Dann erreichten sie die Stämme, und auf einmal standen sie Pattersons langersehnter Beute gegenüber. Der glänzende Gegenstand, den Patterson, nachdem er sich aufgerappelt hatte, aus seiner Satteltasche holte, war eine 16-mm-Filmkamera. In der Hoffnung, für das Fernsehen einen Dokumentarfilm produzieren zu können, hatte Patterson im Bigfoot-Gebiet Landschaftsaufnahmen gemacht und die Kamera stets griffbereit gehalten, um jederzeit eine Situation filmen zu können, wie sie nun eingetreten war.

Mit laufender Kamera stürzte Patterson über den nassen Sand auf das Wesen zu. Er hegte keinen Zweifel, daß es sich wirklich um einen Bigfoot handelte. Während er weiterrannte, zog sich das Wesen hinter einige flache Holzhaufen und Gesträuch zurück.

„Gib mir Deckung!" schrie Patterson. Gimlin zog sein Gewehr heraus, hielt die Waffe aber lediglich schußbereit, denn die Männer hatten vereinbart, einen Bigfoot nur dann zu erschießen, wenn er ihnen gefährlich werden würde. Patterson blieb stehen, ging in die Hocke und hielt die Kamera auf die flüchtende Gestalt gerichtet, die nur einmal Rumpf und Kopf drehte und auf ihre Verfolger zurückschaute, während sie sich weiter in langen Schritten entfernte.

„Oh Gott, der Film ist zu Ende!" schrie Patterson. Er hatte fast den gesamten Film für Landschaftsaufnahmen verwendet, und die übrigen Filme befanden sich in den Satteltaschen von Pattersons Pferd, das in der Zwischenzeit zusammen mit dem Lasttier das Weite gesucht hatte. Nachdem sich die Verwirrung der Männer gelegt hatte, beschlossen sie, die Pferde wieder einzufangen, statt das Wesen in den Wald zu verfolgen.

Bis sie ihre Tiere auf einer Wiese etwa eine Meile stromabwärts entdeckt hatten und an den Ort des Geschehens zurückkehren konnten, war das Wesen längst verschwunden. Aber immerhin fand Patterson einen anderen Beweis: In dem sandigen Flußbett waren deutlich die Fußspuren eines Bigfoot zu erkennen. Rasch fertigten er und Gimlin Gipsabgüsse der zwei Zentimeter tiefen Abdrücke an. Sie waren 37 Zentimeter lang und knapp 13 Zentimeter breit, und die Schrittlänge betrug einen guten Meter.

Das eigentliche Kleinod, das die Männer von ihrer Expedition mitbrachten, war jedoch der Film, auch wenn man ihn anfangs nur schwer verfolgen konnte und er mit nur gut sieben Meter Länge lediglich eine Laufzeit von ungefähr einer Minute hatte. Aber in der oft wunderlichen Suche nach Beweisen für die Existenz des Bigfoot war er eine Sensation. Er zeigte eine stämmige, breitschultrige Kreatur mit großen, hängenden Brüsten. Ihr ganzer Körper war mit rötlichschwarzem Haar bedeckt, außer Teilen des Gesichts, den Brustwarzen, Handflächen und Fußsohlen. Der Kopf saß so dicht auf den Schultern, daß sie keinen Hals zu haben schien, und die Stirn wich von den Augenbrauen zu einem Knochenkamm am Hinterkopf zurück, ähnlich wie bei dem massigen Schädel eines Gorillas.

Die Kreatur lief in langen, weichen Sprüngen von der Kamera weg, während die dicken Arme, die länger als die eines Menschen waren, hin- und herschwangen. Beide Männer erinnerten sich später, über die Weichheit ihrer Schritte erstaunt gewesen zu sein, mit denen sie geschmeidig und schnell von ihnen fortlief. Eine spätere Auswertung des Filmes ergab, daß sie ihr Körpergewicht vermutlich abwechselnd auf ihre Beine verlagerte, während die Knie gebeugt blieben, etwa wie bei einem Ski-Langläufer. Im Gegensatz dazu belasten Menschen das gestreckte Bein und schnellen mit jedem Schritt in die Höhe.

Obwohl die Kamera nur einen flüchtigen Blick auf das Wesen erhascht hatte, bekamen es schließlich Millionen von Menschen zu Gesicht, als sein Bild über ihre Fernsehschirme flimmerte. Jenes sieben Meter lange, umstrittene Stück Film erregte und faszinierte das Publikum. Die Mehrzahl der Fachleute hielt die ganze Episode für einen sorgfältig geplanten Schwindel, doch andere sahen in ihm einen Beweis, daß es vielleicht doch eine Rasse von riesigen, menschenähnlichen Ungetümen gibt, die – mit ungemeinen Kräften ausgestattet – unbemerkt die letzten Flecken unberührter Natur auf diesem Planeten durchstreifen.

Im Laufe der Zeit ist aus abgeschiedenen Gegenden fast aller Kontinente von ähnlichen Wesen berichtet worden, und es liegt die Vermutung nahe, daß diese zottigen, zweibeinigen Kreaturen seit eh und je in den äußersten

Randzonen der Zivilisation existieren und eine Art Zwischenglied zwischen Mensch und Tier bilden. Im alten Babylon gab es den Enkidu, das behaarte Geschöpf aus dem Gilgamesch-Epos, und die Angelsachsen fürchteten sich vor dem riesigen Grendel, der später von Beowulf getötet wurde. Satyrn und andere waldbewohnende Wesen machten den Griechen das Leben schwer. Und ein chinesisches Lexikon, das zur Zeit der Zhou-Dynastie um 200 v. Chr. verfaßt wurde, beschreibt den *feifei*, ein drei Meter großes, zottiges Ungetüm, das sowohl Menschen als auch Orang-Utans ähnlich sah, doch eine Vorliebe für Menschenfleisch hatte.

Heute existieren die einsamen Lagerfeuer nicht mehr, an denen früher Sagen von Generation zu Generation weitergegeben wurden. Die Zivilisation mit ihren hochentwikkelten Kommunikationsmethoden ist praktisch in jede Ecke unseres Planeten vorgedrungen, und doch gibt es diese Wesen offenbar immer noch. Aus abgelegenen Gebieten Zentralasiens wird immer wieder von einer menschenähnlichen Rasse berichtet, den sagenhaften Almas, die in sozialen Gruppen leben und sich mindestens in einem Fall mit Menschen gepaart haben. Und in Südmalaysia soll angeblich der Orang-Dalam heimisch sein, ein zottiges, drei Meter großes Wesen, das abstoßend riecht.

Die meisten Wissenschaftler haben für solche Berichte bestenfalls ein Lächeln übrig. Sie räumen ein, daß es in den Tiefen des tropischen Regenwalds noch viele unbekannte Arten von Insekten, Nagetieren, Reptilien und vielleicht sogar Vögeln geben mag, vertreten aber die Meinung, daß die großen Tiere der Welt bereits alle entdeckt und katalogisiert sind. Gewiß, einige recht große Säugetiere wurden erst im 20. Jahrhundert gefunden *(S. 20)*, trotzdem glaubt die große Mehrheit der Zoologen, die Erde sei heute zu weit erschlossen und erforscht, als daß in der Wildnis plötzlich ein Wesen von der Größe des Sasquatch auftauchen könnte. In der Tat bestreiten manche Wissenschaftler sogar, daß es überhaupt noch eine echte Wildnis gibt, da heute Satelliten detaillierte Photos von beinahe jedem Quadratmeter der vielgestaltigen Oberfläche des Planeten zur Erde senden.

Und doch tauchen immer wieder Berichte von erstaunlichen Begegnungen mit haarigen Ungetümen auf. Bei einigen handelt es sich nachweislich um Schwindel, bei anderen um Irrtümer, aber es gibt Schilderungen, die die Phantasie entfesseln und Zweifel daran aufkommen lassen, daß die Welt keine Überraschungen mehr bergen soll. Selbst einige angesehene Wissenschaftler meinen, in einsamen Gegenden könnten dort nicht vermutete, merkwürdige menschenähnliche Wesen existieren. Denn es ist, so sagen sie, erst wenige Jahrzehnte her, daß ein Einsiedler mehr als zehn Jahre vollkommen unbemerkt in einer Hütte leben konnte – in einem kleinen Park der Stadt Portland in Oregon. Warum also sollte es nicht fernab von den dichtbesiedelten Gegenden ein intelligentes wildes Lebewesen geben?

Das vielleicht berühmteste dieser geheimnisvollen Ungetüme der Wildnis ist der „Schreckliche Schneemensch“ , von den nepalesischen Gebirgsbewohnern, den Sherpas, auch *yeh-teh* – oder Yeti – genannt, dessen Spuren oft im ewigen Schnee der eisigen Himalayaregionen Indiens, Nepals und Tibets gefunden wurden. Wie die Einheimischen sagen, ist der Yeti aber nur einer von mehreren unbekannten Lebewesen, die das Hochland Südasiens bewohnen.

Einer der ersten Abendländer, der dem Yeti Aufmerksamkeit schenkte, war vermutlich der britische Major L.A. Waddell, der 1889 auf einem hohen Gipfel nordöstlich von Sikkim Eindrücke im Schnee entdeckte, die er für große Fußspuren hielt. „Es waren angeblich die Spuren des zottigen Wildmenschen, der im ewigen Schnee lebt“, erinnerte er sich zehn Jahre später. „Alle Tibeter glauben an die Existenz dieser Wesen.“ Doch in Europa und Amerika schenkte man diesem und auch einigen anderen Berichten jahrzehntelang keine Beachtung, bis das Wesen durch einen Übersetzungsfehler seines nepalesischen Namens Berühmheit erlangte.

Im Jahr 1921 waren die Mitglieder einer britischen Expedition an der Nordwand des Mount Everest bis in 5000 Meter Höhe vorgedrungen, als sie einige dunkle Gestalten bemerkten, die sich oberhalb von ihnen über ein Schneefeld bewegten. Bis die Forscher die Stelle erreichten, waren die Gestalten verschwunden, doch hatten sie im Schnee einige riesige, menschenähnliche Fußspuren hinterlassen. Später berichtete der britische Expeditionsleiter Oberstleutnant Charles Kenneth Howard-Bury in Indien Journalisten über den Vorfall und bemerkte, daß seine Sherpaführer die geheimnisvollen Gestalten *metoh-kangmi* genannt hätten.

Ein Rätsel des Dschungels

Als der Schweizer Geologe François de Loys 1920 mit seiner Expedition aus dem Dschungel Kolumbiens und Venezuelas zurückkehrte, berichteten die Teilnehmer, sie hätten eines von zwei wütenden, affenähnlichen Wesen getötet, von denen sie angegriffen wurden.

Die Männer setzten das Wesen auf eine Brennstoffkiste und schoben einen Stock unter sein Kinn, damit es nicht kippen konnte; dann photographierten sie es. Das sonderbare Tier soll gut 1,50 Meter groß gewesen sein – also 50 Zentimeter größer als der größte amerikanische Affe – und einen seltsam menschlichen Gesichtsausdruck gehabt haben. Skeptiker zogen sofort die von de Loys angegebene Größe des Tieres in Zweifel, aber ein Experte berechnete sie aufgrund der Abmessungen einer üblichen Brennstoffkiste und bestätigte dann die Darstellung des Geologen. Als 1931 eine Gruppe von italienischen Anthropologen in den Dschungel von Britisch-Guayana vordrang, fanden die Wissenschaftler zwar kein Wesen, das de Loys' Beschreibungen entsprach, aber sie hörten Berichte von Augenzeugen, die verblüffend mit den Schilderungen de Loys' übereinstimmten.

Im Jahr 1951 entdeckten die Forscher Eric Shipton und Michael Ward im Himalaya seltsame Fußspuren, die ähnlich wie die eines Menschen aussahen, aber weit größer waren. Shipton photographierte einen solchen Fußabdruck und legte als Größenvergleich einen Eispickel daneben (kleine Abbildung). Die Aufnahme gab der verbreiteten Legende vom Yeti – einem primitiven, menschenähnlichen Wesen – neuen Auftrieb. Einige Wissenschaftler behaupteten, der schmelzende Schnee habe die Spuren verformt und vergrößert, aber sie blieben eine Antwort darauf schuldig, welches bekannte Tier solche Fußspuren hinterlassen haben könnte.

Dieser Begriff stand im Nepalesischen für eine Reihe verschiedener Bergwesen, die angeblich in dem Gebiet umherstreiften, aber im Verlauf seiner Verbreitung über die Erde glaubte man, es handele sich um ein tibetisches Wort und übersetzte es mit „Schrecklicher Schneemensch".

Schnell wurde das Wesen dank seines faszinierenden Namens zu einer internationalen Sensation. Und Bergsteiger, die immer schon den Everest und andere Gipfel des Himalayas hatten bezwingen wollen, fanden nun einen weiteren Grund für die Erforschung der Schneefelder – die Entdeckung des „Schrecklichen Schneemenschen".

Doch viele von denen, für die die Existenz dieser Wesen durchaus im Bereich des Möglichen lag, hielten diesen Namen für völlig falsch gewählt. Auch wenn es einen guten Grund dafür geben mochte, daß solche großen Tiere bis auf die Schneefelder vordrangen – vielleicht um Nahrungsvorräte anzulegen, auf den Felsen nach einem besonderen Leckerbissen zu suchen, wie etwa vitaminreichen Flechten, oder einfach einen Höhenpaß zu überqueren –, war es schwer vorstellbar, daß sie genügend Nahrung fanden, um dort ständig zu leben. Vielleicht bewohnten sie die Wälder der Hochtäler, doch waren sie gewiß keine „Schneemenschen".

Aber wo sie auch zu Hause sein mochten, es wurde immer häufiger über Sichtungen großer Fußspuren oder der riesigen Lebewesen selbst berichtet. So war beispielsweise im Jahr 1925 der griechische Abenteurer und Photograph N. A. Tombazi in den Bergen von Sikkim bis in 4500 Meter Höhe vorgestoßen, als seine Träger zu schreien begannen und auf etwas deuteten. Er blickte in die Richtung und entdeckte in etwa 200 bis 300 Meter Entfernung eine Gestalt, die „genau wie ein Mensch aufrecht ging und gelegentlich stehenblieb, um an einigen kleinen Rhododendronsträuchern zu zerren oder sie auszureißen", wie er später sagte.

Das Wesen verschwand schnell, doch entdeckte Tombazi nach kurzem Suchen seine Spuren im Schnee. Sie waren zwar wie ein menschlicher Fuß geformt, doch ihre Länge betrug nur etwa 15 Zentimeter, dafür maßen sie an der breitesten Stelle zehn Zentimeter.

Dieser und andere Berichte, die in den 30er Jahren folgten, gaben der Vermutung Auftrieb, daß möglicherweise nicht nur eine Art dieser Wesen die schneebedeckten Berge durchstreifte. Die von Tombazi entdeckten Spuren waren kleiner als die eines Menschen, andere – wie etwa die von Howard-Bury – dagegen größer. Alle Abdrücke hatten jedoch Ähnlichkeit mit menschlichen Fußspuren, da sie fünf Zehen aufwiesen und dazuhin plantigrad waren – das heißt, die Wesen setzten bei jedem ihrer Schritte die ganze Fußsohle auf.

Tatsächlich hatten die Sherpas seit jeher von mindestens zwei verschiedenen Lebewesen gesprochen, für die sie auch unterschiedliche Namen verwendeten. Alle wurden *teh* genannt – in der Sherpa-Sprache ein Wort, das einfach für ein Tier aus Fleisch und Blut steht. Eine Art jedoch nannten sie *dzu-teh*, und es handelte sich dabei offenbar um ein großes Tier, das sich auf allen vieren fortbewegte und nur im Laufen aufrichtete. Einige Forscher meinen allerdings, daß es mit dem Kragenbären identisch sei, der in dieser Gegend oft den Yakherden nachstellt.

Für die anderen, kleineren Bewohner der Höhen haben die Sherpas zwei Begriffe. Der eine lautet *meh-teh*, was Menschentier bedeutet. Das bekanntere Wort ist jedoch *yeh-teh*, und es beschreibt ein Tier, das an felsigen Plätzen zu Hause ist. Wie die Sherpas glauben, ist dieses kleinere Tier beinahe menschengroß, geht aufrecht und lebt an der Baumgrenze. Häufig dringt es auch in den ewigen Schnee weiter oben vor, und manchmal kommt es herab, um in einem Dorf Nahrung zu stehlen oder eine Yakherde zu jagen. Der Yeti soll einen spitzen Kopf, lange Arme, die bis unter die Knie reichen, und ein rötliches Haarkleid haben.

Für die Sherpas ist der Yeti eine vertraute Gestalt, die sie mehr auf humorvolle Art denn mit Furcht in ihr Volkstum einbezogen haben. So heißt es, die Brüste der Yeti-Frau hingen so tief herab, daß diese sie beim Laufen über die Schultern werfen müßte. Damit ungezogene Sherpakinder gehorsam sind, wird ihnen häufig mit diesen Ungetümen gedroht, andererseits erklärt man aber den Kindern, daß sie ihnen entkommen können, indem sie den Berg hinablaufen, denn beim Bergabwärtslaufen fällt dem Yeti das Haar ins Gesicht.

Auf diesem Photo aus dem Jahr 1960 zeigt ein tibetischer Lama den jahrhundertealten heiligen Skalp eines Yetis. Später stellten Wissenschaftler fest, daß es sich um die Kopfhaut eines Seraus handelte.

Ende der 30er Jahre und in den 40er Jahren geriet der Yeti durch die internationalen Spannungen und den Zweiten Weltkrieg außerhalb seiner Heimat fast ganz in Vergessenheit. Doch als wieder Frieden herrschte, wurde die Aufmerksamkeit erneut auf jene einsamen Höhen unserer Erde gelenkt. Die große Bergkette, die vom Karakorum in Pakistan bis zum Himalaya reicht, lockte zahlreiche Bergsteiger an. Die größte Herausforderung stellte natürlich der Mount Everest dar, der mit 8848 Metern der höchste Berg der Erde ist; er liegt an der Grenze zwischen Nepal und Tibet, also mitten im Herzen des Yeti-Landes.

Im Jahr 1951 brach die Everest Reconnaissance Expedition auf, um Routen für eine Besteigung des Everest zu erkunden. In 5400 Meter Höhe entdeckten zwei der Bergsteiger frische Spuren, denen sie fast anderthalb Kilometer weit folgten. Nach dem Expeditionsleiter Eric Shipton, der in der Londoner *Times* darüber berichtete, „hatten sich die Spuren durch das Schmelzen des Schnees größtenteils zu ovalen Eindrücken verformt, die etwas länger und erheblich breiter als die unserer großen Bergstiefel waren. Aber da und dort, wo der Schnee das Eis nur dünn bedeckte, fanden wir einen gut erhaltenen Abdruck vom Fuß des Wesens. Hier waren drei breite ‚Zehen' und ein seitlich sitzender, breiter ‚Daumen' zu sehen. Der deutlichste Abdruck maß dreiunddreißig mal zwanzig Zentimeter."

Shipton war ein erfahrener Bergsteiger, der schon auf der ganzen Welt Gipfel erklommen hatte, so daß man seine Aussagen nicht achselzuckend abtun konnte. Als sein Bericht zusammen mit Photos von den Spuren veröffentlicht wurde, flammte das Interesse an dem Yeti schlagartig wieder auf. Es folgten mehrere Expeditionen, darunter ein ehrgeiziger Versuch, der 1954 von der Londoner *Daily Mail* finanziert wurde. Die von dem Reporter Ralph Izzard geleitete Gruppe versuchte sich wissenschaftliche Glaubwürdigkeit zu verschaffen, indem sie zwei Zoologen hinzuzog. Die Ergebnisse der Suche waren jedoch enttäuschend – vielleicht, weil sie vor allem auf den Schneefeldern durchgeführt wurde statt in den hochgelegenen Wäldern und an den felsigen Plätzen, wo sich die Yetis vermutlich vorwiegend aufhalten. Die Forscher fanden einige zweifelhafte Fußabdrücke sowie einige vermeintliche Yeti-Skalps, die sich später jedoch peinlicherweise als Ziegenhaut entpuppten.

In den folgenden Monaten wurde vom westlichen Teil des Karakorum-Gebirges bis zum Ostrand des Himalaya von weiteren Spuren berichtet. Skeptiker betonten jedoch, daß sich durch das Schmelzen des Schnees kleine, scharf umgrenzte Spuren leicht in größere, verschwommene Abdrücke verwandelten. Sie wiesen außerdem darauf hin, daß in dieser Region heimische Bären beim Laufen die Hinterpfote genau auf die Stelle setzen, wo sich vorher die Vorderpfote befunden hat, was häufig dazu führt, daß ein Abdruck entsteht, der einem großen Menschenfuß ähnelt. Die Beweise waren deshalb nicht überzeugend.

Im Jahr 1957 finanzierte der amerikanische Millionär Tom Slick, der im Ölgeschäft und in anderen Unternehmen ein Vermögen gemacht hatte, die erste von drei Himalaya-Expeditionen, die einen Yeti aufspüren sollten. Aber keine seiner Unternehmungen erbrachte sehr viel mehr Beweise als die Expedition der *Daily Mail*. Doch konnten sie auch nicht den sich hartnäckig haltenden Glauben widerlegen, daß der Yeti mehr als lokale Legende sei.

Dieser Glaube wurde jedoch unterhöhlt, als Edmund Hillary, der für seine Bezwingung des Mount Everest im Jahr 1953 geadelt worden war, 1961 von einer Expedition zurückkehrte. Hillary, wie auch sein Team, hatte nämlich nicht nur die Auswirkungen großer Höhen auf die menschliche

Sir Edmund Hillary zeigt das Bild eines Yetis, jenes Wesens, das er im Jahr 1960 auf einer Himalaya-Expedition zu finden hoffte. Auch Hillary untersuchte damals Fußspuren, Felle und Skalpe, doch er kam zu dem Schluß, daß es keine wissenschaftliche Basis für die Legende vom Yeti gab.

Physiologie untersucht, sondern auch nach dem Yeti geforscht. Sie entdeckten zwar einige der berühmten Fußabdrücke, doch nach Ansicht des bekannten und geachteten Hillary handelte es sich dabei um gewöhnliche Tierspuren, die sich durch das Schmelzen des Schnees vergrößert und verformt hatten. Darüber hinaus liehen sich die Expeditionsmitglieder in einem buddhistischen Kloster einen angeblichen Yeti-Skalp, doch wie sich herausstellte, war er aus der Haut eines Serau gemacht, eines mit Gemsen und Ziegen verwandten Tieres aus dieser Gegend.

Wie Hillary herausfand, machen die Sherpas zwischen ihrer metaphysischen Welt und der objektiven Wirklichkeit nur wenig Unterschied. So glauben sie beispielsweise fest daran, daß sich der Yeti nach Belieben unsichtbar machen kann. In Hillarys Augen ergab dies zusammen nicht mehr als ein „faszinierendes Märchen, das dem seltenen, furchterregenden Anblick von seltsamen Tieren entsprungen, durch Aberglauben geformt und von westlichen Expeditionen begeistert genährt worden war".

Doch noch im selben Jahr eilte der angesehene britische Primatenforscher William C. Osman Hill dem Yeti zu Hilfe. Hill hielt die Beweise für die Existenz des Yeti für überzeugend, wenngleich er sagte, daß es sich bei dem Geschöpf zweifellos um ein Tier handele, das in den „Rhododendronwäldern der tieferliegenden Täler lebt, wo man es zukünftig suchen sollte". Aber danach gab es kaum noch organisierte Suchaktionen nach dem geheimnisvollen Tier, vielleicht, weil Hillarys Zweifel weltweit veröfffentlicht worden waren. Zwar wurde in den 60er und 70er Jahren und bis hinein in die 80er Jahre gelegentlich von Spuren und Sichtungen berichtet, doch konnten sie insgesamt nicht als beweiskräftig angesehen werden.

Das gleiche gilt für die immer wieder auftauchenden Berichte aus dem riesigen Land, das im Norden der hochge-

Der sowjetische Forscher Igor Bourstew betrachtet hier nachdenklich einen Schädel, der von dem Sohn eines Menschen und der Almas-Frau Zana stammen soll. Zana, die angeblich im 19. Jahrhundert im Kaukasus gefangen wurde, brachte, wie es heißt, vier Kinder zur Welt, die menschliche Väter gehabt haben sollen.

legenen Heimat des Yeti in Zentralasien liegt. Dieses Gebiet war einmal das Reich der mongolischen Kriegsherrn Dschingis Khan und Timur-leng; heute liegt es im Herzen der Sowjetunion. Die Region, die sich mit ihren zerklüfteten Bergketten und weiten Wüsten vom Kaukasus bis zur chinesischen Grenze erstreckt, soll nach einem verbreiteten Glauben die Heimat einer weiteren Rasse wilder, menschengroßer Kreaturen mit dunkelbehaarten Körpern sein.

Diese Wesen haben ebenso viele Namen, wie es in jener von verschiedenen Völkern bewohnten Region Sprachen gibt. In der Mongolei werden sie Almas, oder Wildmenschen, genannt. Anders als beim Yeti ranken sich um diese Wesen kaum Sagen oder Aberglauben; vielmehr betrachtet man sie schlicht als Teil der heimischen Fauna. Tatsächlich wurden sie in dortigen naturgeschichtlichen Standardwerken lange Zeit zusammen mit Bären, Rotwild und anderen keineswegs ungewöhnlichen Tieren aufgeführt. Und in einem mongolischen pharmakologischen Werk, das aus dem 19. Jahrhundert stammt, ist sogar zu lesen, daß die Galle des Almas „Gelbsucht heilt".

Eine der frühesten Beschreibungen von Almas durch einen Europäer stammt von dem bayerischen Adligen Hans Schiltberger, der zu Beginn des 15. Jahrhunderts von den Türken gefangen genommen wurde, die ihn später dem Mongolenfürsten Egidi schenkten. Während seiner Gefangenschaft kam Schiltberger in ein Gebiet, bei dem es sich vermutlich um das heutige Tienshan, ein Gebirgssystem in der Westmongolei, handelte.

„In den Bergen selbst hausen wilde Menschen, die mit anderen menschlichen Wesen nichts gemein haben", schrieb Schiltberger 1430, einige Zeit nach seiner Flucht aus der Gefangenschaft. „Ein Fell bedeckt den ganzen Leib dieser Geschöpfe. Nur Hände und Gesicht sind unbehaart. Sie streifen in den Bergen umher gleich Tieren und essen Blätter und Gras und was sie sonst finden. Der Herrscher des Landes machte Egidi ein Paar der Waldmenschen, einen Mann und eine Frau, zum Geschenk. Sie waren in der Wildnis gefangen worden, zusammen mit drei ungezähmten Pferden so groß wie Esel."

Zweifellos könnte man eine solche Geschichte als typisch für die unglaublichen Erzählungen der Reisenden jener Zeit abtun, doch verlieh die Erwähnung der kleinen Pferde dem Bericht später einige Glaubwürdigkeit. Im Jahr 1871, also mehr als vier Jahrhunderte nach Schiltbergers Aufenthalt in der Mongolei, sammelte der russische Forscher Nikolai Przewalski während einer Forschungsreise in dieses Land Berichte über „Wildmenschen", und darüber hinaus fing er graue Wildpferde, bei denen es sich vermutlich um die „ungezähmten Pferde" aus Schiltbergers Bericht handelte. Heute sind sie als Przewalski-Pferde bekannt.

In einem anderen Bericht ist von einem mongolischen Gelehrten namens Badzar Baradiin die Rede, der 1906 mit einer Karawane durch die Wüste Ala Shan zog. Eines Abends stieß der Karawanenführer plötzlich einen Schrekkensschrei aus, und alle erblickten einen behaarten Mann, der im Licht der untergehenden Sonne auf einem Hügel stand. Er musterte die Karawane einen Augenblick lang und lief dann durch die Wüste davon. Als Baradiin später den offiziellen Expeditionsbericht verfaßte, forderte ihn der Präsident der Kaiserlich-Russischen Geographischen Gesellschaft auf, jeden Hinweis auf seine Begegnung mit dem Almas zu unterlassen. In jüngerer Zeit aber sind Zweifel an dieser Darstellung aufgekommen. Heutige Forscher, die das Original von Baradiins Reisetagebuch fanden, stellten fest, daß dieser Vorfall darin mit keinem Wort erwähnt wurde.

Doch ob Baradiins Geschichte wahr oder erfunden ist, so hat sich doch eine Handvoll russischer und mongolischer Gelehrter weiterhin der Almas-Frage gewidmet. Die Beschreibungen, die sie gesammelt haben, gleichen sich in bemerkenswerter Weise. Wie es im allgemeinen heißt, sollen die Almas gut 1,60 Meter groß und mit dunklem, oft rötlichem Haar bedeckt sein. Ihre langen Arme reichen bis unter die Knie, und ihr Brustkorb ist schmal. Sie gehen gebückt mit gebeugten Knien und laufen sehr unbeholfen, wenn auch im allgemeinen schnell genug, um einer Gefangennahme zu entgehen. Die Stirn weicht von den ausgeprägten Augenbrauenwülsten zurück, und der Unterkiefer ist massig, doch fehlt das Kinn. An den breiten Füßen sitzen gespreizte Zehen, wobei der große Zeh kleiner ist als bei einem Menschen und mitunter ein Stück von den anderen Zehen absteht. Die Hände sind menschenähnlich und haben lange Finger.

Nach den Berichten sind die Almas gewöhnlich Nachtwesen, die die Menschen meiden, auch wenn sie hin und

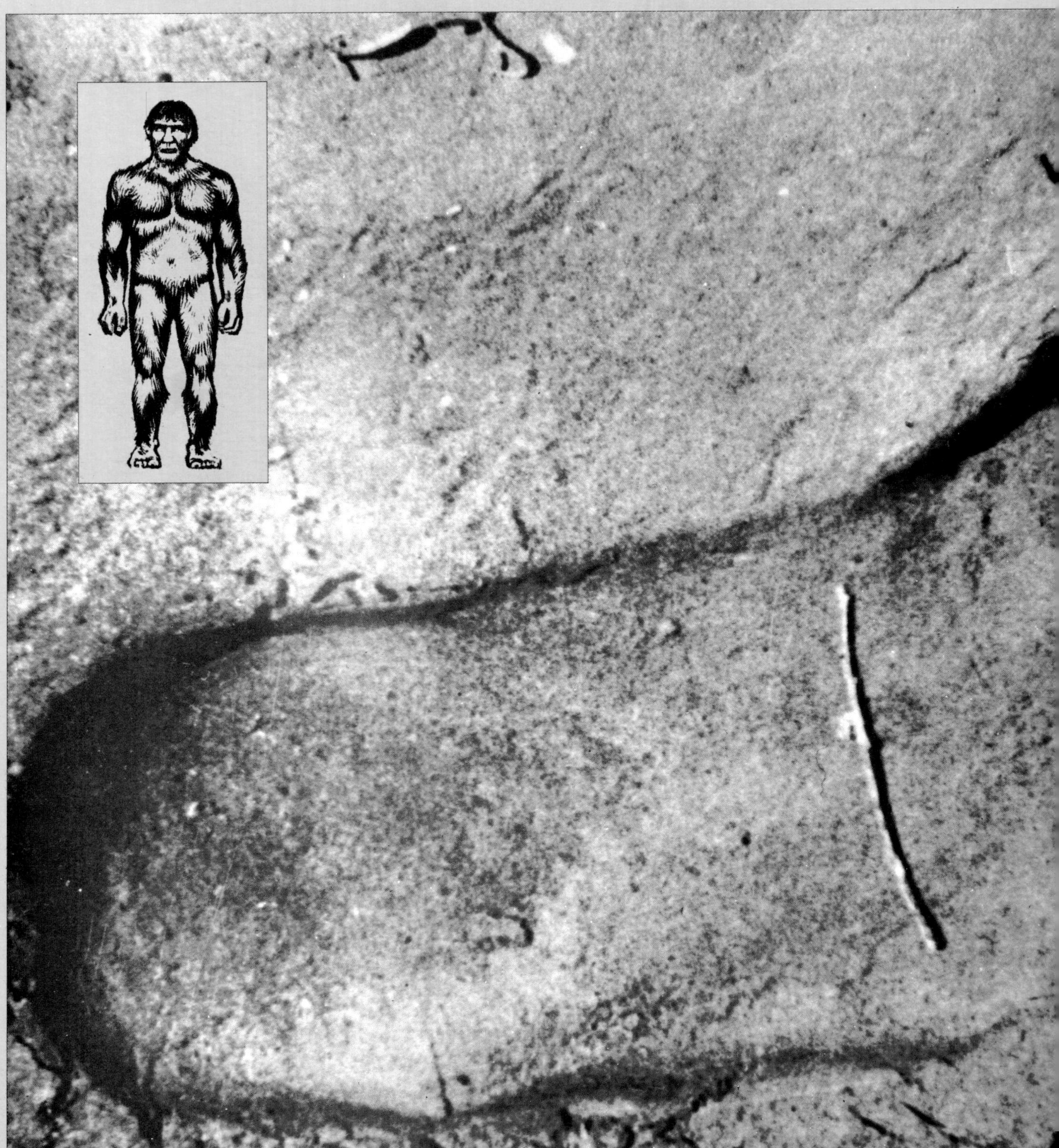

Dieser in Originalgröße abgebildete Fußabdruck soll von einem Almas stammen, dem legendären Wildmenschen Zentralasiens. Nach einer

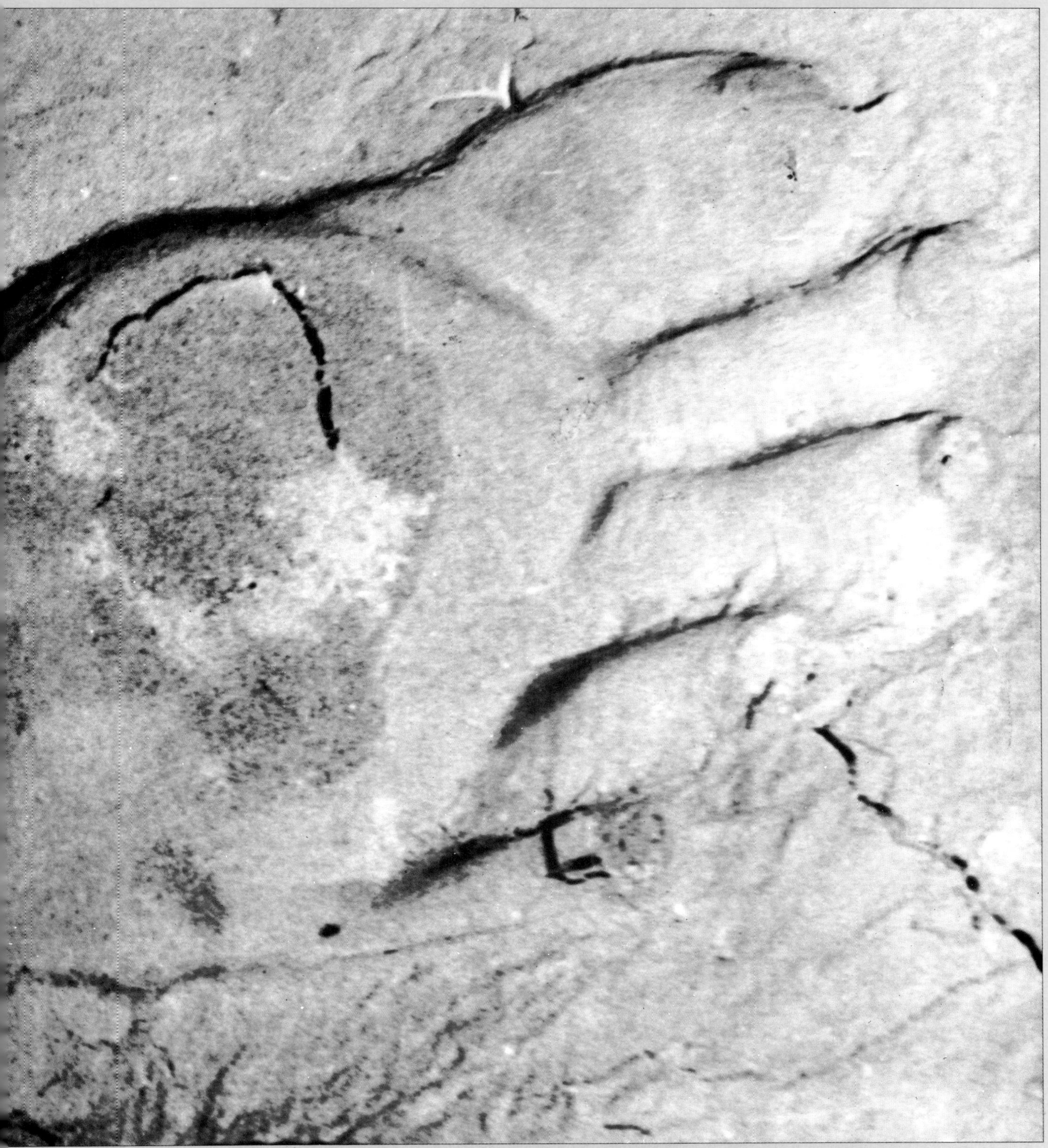

Analyse von Augenzeugenberichten stellten sowjetische Forscher den Almas (kleines Bild) als ein robustes Wesen mit einer fliehenden Stirn dar.

wieder in der Nähe von Bauernhöfen auftauchen und Kornfelder geplündert haben sollen. Meist wurden die Wesen einzeln oder zu zweit aus einiger Entfernung gesehen. Typisch ist die Beobachtung, die von dem russischen Kinderarzt Iwan Iwlow im Jahr 1963 gemacht wurde. Iwlow, der in der Mongolei arbeitete, hatte zwar von den Almas gehört, beurteilte die Berichte aber mit Skepsis. Als er jedoch eines Tages das Altai-Gebirge in der Südmongolei bereiste, entdeckte er plötzlich einige hundert Meter entfernt eine Familie von menschenähnlichen Wesen, die aus Vater, Mutter und einem Kind bestand. Iwlow konnte sie eine Zeitlang durch sein Fernglas beobachten.

Gelegentlich finden sich auch Berichte, nach denen ein Almas gefangen wurde. So begegnete beispielsweise um 1910 der russische Zoologe V. A. Chaklow einem kasachischen Hirten, der behauptete, einmal mehrere Wochen lang eine Almas-Frau beobachtet zu haben. Sie war von einigen Bauern gefangen und in Ketten gelegt, aber später wieder freigelassen worden. Die Beschreibung ihres Körperbaus enthielt nichts Neues, doch wußte der Hirte ungewöhnliche Einzelheiten über das Verhalten von Almas zu berichten.

Chaklow gab die Schilderung des Hirten folgendermaßen wieder: „Diese Kreatur verhielt sich gewöhnlich ganz ruhig, doch wenn man sich ihr näherte, kreischte sie und fletschte die Zähne. Merkwürdig war ihre Art, sich hinzulegen und zu schlafen. Sie kauerte sich dann auf Knie und Ellenbogen, legte die Stirn auf den Boden und faltete ihre Hände über dem Hinterkopf. Als Nahrung nahm sie nur rohes Fleisch, verschiedene Gemüse und Getreide und manchmal Insekten, die sie fing, zu sich. Wenn sie Wasser trank, schlabberte sie es wie ein Tier, oder manchmal tauchte sie ihren Arm hinein und leckte dann ihr Fell ab."

Der faszinierendste aller Berichte aber ist die Geschichte von Zana, einer Almas-Frau, die im späten 19. Jahrhundert als Sklavin auf einem kaukasischen Bauernhof gelebt haben soll. Niemand weiß, wo sie gefangen wurde und wie oft sie den Besitzer wechselte, doch war sie schon erwachsen, als sie von einem gewissen Edgi Genaba in Ketten gelegt und in ein von Steinmauern umgebenes Gehege auf seinem Bauernhof an dem Fluß Mokwi gebracht wurde. Eine Zeitlang schien Zana so unberechenbar und wild, daß niemand auf dem Hof ihre Einfriedung zu betreten wagte. Man warf ihr das Essen einfach über die Mauer, und zum Schlafen verkroch sie sich in eine Kuhle, die sie in den Boden gescharrt hatte. Nach drei Jahren war sie so gefügig geworden, daß sie nun in einem eingezäunten Gehege angepflockt werden konnte, und bald durfte sie sich frei bewegen.

Zana hatte eine dunkelbraune Haut, ihr Körper war mit rötlichschwarzem Haar bedeckt, und ihr schwarzes Kopfhaar fiel mähnenartig herab. Sie war groß und außerordentlich stark, und ihr Gesicht soll furchteinflößend ausgesehen haben. Ihre großen Zähne saßen in einem gewaltigen Kiefer, und sie hatte hohe Backenknochen, eine flache Nase und rötliche Augäpfel.

Obwohl Zana niemals sprechen lernte, gab sie murmelnde Geräusche von sich. Schließlich befolgte sie auch Anweisungen ihres Herrn und verrichtete verschiedene Arbeiten. Sie hielt sich nur im Freien auf, da ihr geheizte Räume offenbar unerträglich waren. Lange konnte sie sich damit beschäftigen, beharrlich runde Steine aneinanderzureiben und zusammenzuschlagen.

Im Jahr 1964 besuchte der russische Historiker Boris Porschnew den Ort, wo Zana angeblich gelebt hatte. Er hoffte dort noch Schilderungen aus erster Hand über Zana zu erhalten, denn die Männer und Frauen im Kaukasus sind für ihre Langlebigkeit bekannt. Porschnew sprach mit mehreren Hundertjährigen, die nach eigener Aussage Zana gekannt hatten und auf ihrer Beerdigung gewesen waren. Am interessantesten aber ist vielleicht die Tatsache, daß er zwei von Zanas angeblichen Enkelkindern besuchte.

Wie es hieß, war Zana mehrmals geschwängert geworden, offenbar von verschiedenen Männern. Sie brachte die Kinder ohne fremde Hilfe zur Welt und trug anfangs die Neugeborenen sofort zum Fluß, um sie zu waschen. Aber sie überstanden das kalte Bad nicht, und deshalb nahmen die Dorfbewohner Zana später ihre Kinder weg, um sie in menschlicher Obhut aufzuziehen. Insgesamt sollen zwei Söhne und zwei Töchter überlebt haben.

Nach Angaben der Dörfler unterschieden sich Zanas Nachkommen nur wenig von anderen Kindern. Abgesehen von ihrer dunklen Gesichtsfarbe sahen sie nicht nur menschlich, sondern fast völlig normal aus. Sie lernten sprechen wie jeder andere, und auch wenn sie ein etwas

Der seltsame Eismensch

Es war im Dezember 1968, als der aus Schottland stammende Schriftsteller und Zoologe Ivan T. Sanderson und sein französischer Kollege Bernard Heuvelmans, der damals gerade die Vereinigten Staaten besuchte, von einem seltsamen affenähnlichen Wesen hörten, das, in einem Eisblock eingefroren, auf einem Chicagoer Viehmarkt gezeigt worden war. Die Einzelheiten, die über das Aussehen des Wesens verlauteten, schienen den beiden Wissenschaftlern so interessant, daß sie mit dem Ausstellungsorganisator Frank Hansen in Verbindung traten. Dieser lud die beiden Wissenschaftler ein, auf seine Farm in Minnesota zu kommen und den sogenannten Eismenschen zu untersuchen.

Nach Hansen, einem ehemaligen Jahrmarktshändler, der seine Geschichte hin und wieder variierte, war das Wesen vor der sibirischen Küste in einem über drei Tonnen schweren Eisblock entdeckt worden, mal von russischen Robbenjägern, mal von japanischen Walfängern. Später war dann der Eismensch in einem Kaufhaus in Hongkong aufgetaucht, wo ihn jemand im Auftrag eines ungenannten amerikanischen Millionärs kaufte; sein Gefängnis war inzwischen auf eine handliche Größe zurechtgehauen. Hansen lieh sich später den Eismenschen aus und stellte ihn auf Jahrmärkten zur Schau.

Sanderson und Heuvelmans verbrachten zwei Tage damit, das Wesen durch den Glasdeckel seines isolierten Tiefkühlsarges zu untersuchen und zu photographieren. Das dicke Eis war an manchen Stellen mit Reif überzogen und an anderen fast undurchsichtig, so daß große Teile der Kreatur verdeckt waren. Dennoch erklärte Heuvelmans das gefrorene Etwas zu einem unbekannten Hominiden, einer Art Neandertaler, und veröffentlichte das Ergebnis in einer belgischen Fachzeitschrift. Nach Sandersons Ansicht handelte es sich bei dem Wesen um einen primitiven anthropoiden Primaten. Er setzte sich mit John Napier, dem Kustos der Primatensammlungen der Smithsonian Institution in Washington, D.C., in Verbindung und schlug vor, daß das Museum eine Untersuchung

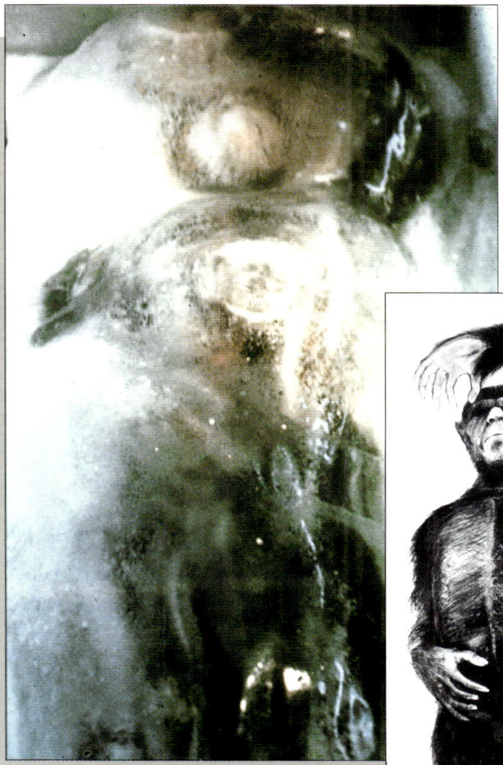

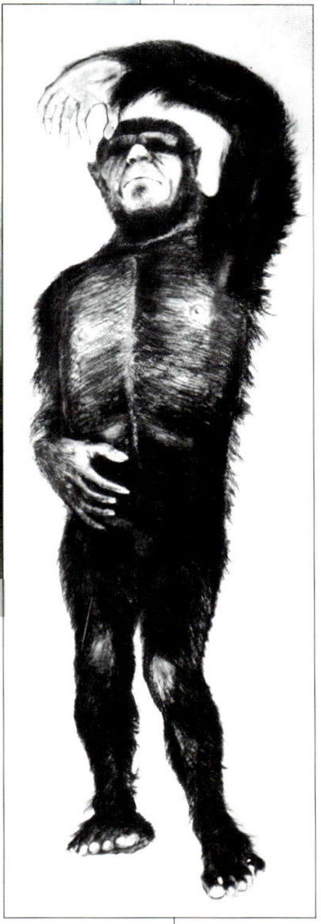

Aufgrund seiner Untersuchung von Hansens eingefrorenem Geschöpf (oben) fertigte der Zoologe Bernard Heuvelmans eine Zeichnung an (rechts). Der Wissenschaftler kam zu dem Schluß, daß das untersuchte Exemplar etwa 1,80 Meter groß war und ein Fell und lange Arme mit riesigen Händen besaß.

des Eismenschen in die Wege leiten solle. Als jedoch Vertreter des Museums um Erlaubnis baten, das Geschöpf untersuchen zu dürfen, verkündete Hansen, es würde sich wieder bei seinem Besitzer befinden und nicht mehr in der Öffentlichkeit gezeigt werden. Weiter erklärte er, fortan würde eine Kopie des Originals ausgestellt.

Da nun der echte Eismensch nicht mehr verfügbar war, ließen die ohnehin schon mißtrauischen Experten der Smithsonian Institution die Angelegenheit fallen, jedoch nicht ohne zuvor gegenüber dem FBI eine gewisse Besorgnis zu äußern, denn offenbar hatte Heuvelmans bei seiner Untersuchung des Geschöpfes etwas entdeckt, das ein Einschuß im rechten Auge zu sein schien. Und deshalb mußte, falls das Wesen in jüngerer Zeit gelebt hatte, an der Sache etwas faul sein. Zwar griff das FBI den Fall nicht auf, doch als Frank Hansen seine Nachbildung in einem Einkaufszentrum in St. Paul in Minnesota zur Schau stellte, behauptete er ganz dreist, das Wesen sei „vom FBI untersucht" worden. In der Zwischenzeit hatten Nachforschungen von Sanderson und der Smithsonian Institution ergeben, daß drei Firmen an der Westküste behaupteten, bereits 1967 für Hansen einen Eismenschen aus Gummi und Haaren hergestellt zu haben. Und als Hansen 1969 mit seiner Schau wieder auf Tournee ging, unterschied sich das Wesen offenbar tatsächlich von dem, das Sanderson und Heuvelmans untersucht hatten, was noch verdächtiger schien. Einige betrachteten dies als die Bestätigung von Hansens Behauptung, daß es ein Original und eine Nachbildung gebe, andere aber argwöhnten, es habe nie einen gefrorenen Eismenschen aus Fleisch und Blut gegeben, sondern lediglich verschiedene Gummiexemplare.

Die wachsende Skepsis schreckte Hansen nicht. Bald servierte er eine neue Geschichte über die Herkunft des Eismenschen, die die mutmaßliche Schußwunde plausibel machen sollte. Diesmal behauptete Hansen, während einer Jagd in den Wäldern Nord-Minnesotas ein merkwürdiges Geschöpf erlegt zu haben, das er nach seiner Darstellung zunächst im Wald zurückließ. Später in jenem Winter habe er es geholt, und in seine Tiefkühltruhe gepackt. Sieben Jahre danach beschloß er dann angeblich, das gefrorene Wesen auf Rummelplätzen und Märkten auszustellen.

Obwohl Hansen ständig neue Versionen seiner Geschichte zum besten gab, wurden Sanderson und Heuvelmans dadurch nicht in ihrer festen Überzeugung erschüttert, daß sie ein sonderbares, seltenes Lebewesen untersucht hatten. Doch trotz aller Bemühungen ist die Wahrheit über den Eismenschen bis heute noch immer im Ungewissen geblieben, umgeben von geheimnisvollem Dunkel und möglicherweise immer noch von einem Eisblock.

Als man Ende 1980 in China die konservierten Hände (rechts) und Füße eines angeblichen Wildmenschen fand, flammte das Interesse an dem legendären Wesen neu auf. Die Gliedmaßen stammten von einem Geschöpf, das knapp einen Meter groß war, langes braunes Haar hatte und menschliche Gesichtszüge trug. Es war 1957 getötet worden. Eine Untersuchung ergab, daß die Gliedmaßen zu einem großen Makaken gehörten, möglicherweise zu einer bisher nicht bekannten Unterart.

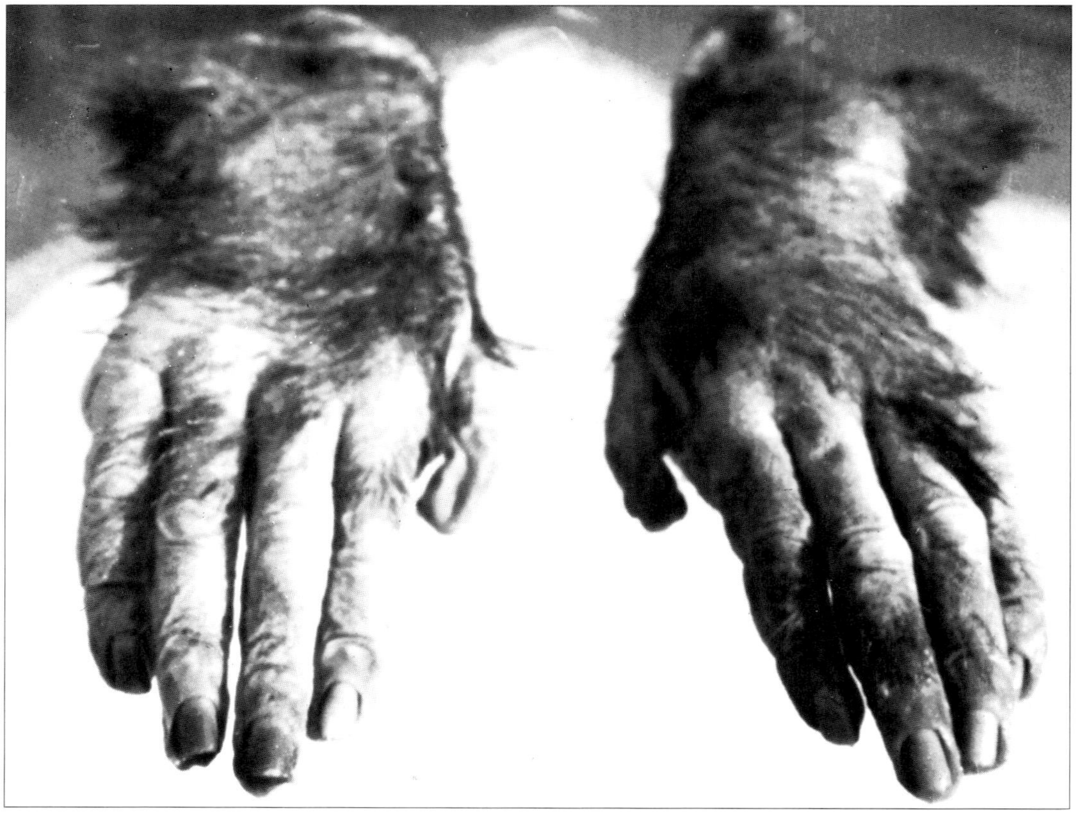

unbändiges Wesen hatten, konnte man doch mit ihnen auskommen. Chwit, der jüngere Sohn, diente als Knecht, und wie man deutlich erinnerte, war er „außerordentlich stark, schwierig, ungestüm und ein Hitzkopf". Außerdem hatte er eine hohe Stimme und war ein guter Sänger.

Wie Porschnew berichtete, hatte er zwei von Chwits Kindern einige Jahre nach dem Tod ihres Vaters besucht. „Als ich Zanas Enkelkinder sah", schrieb Porschnew, „machten ihre dunkle Haut und ihr negroides Aussehen großen Eindruck auf mich. Der Enkel Schalikula hat ungewöhnlich starke Kaumuskeln und kann mit seinen Zähnen einen Stuhl mitsamt einem Mann darauf emporheben."

Während der nächsten Jahre unternahmen Porschnew und ein Kollege wiederholt den Versuch, auf dem unkrautüberwucherten Familienfriedhof der Genabas Zanas Grab zu finden. Obwohl sie die Überreste eines Menschen entdeckten, der Charakteristika eines Neandertalers zu haben schien und vielleicht ein Nachkomme von Zana war, fanden sie das Skelett der angeblichen Almas-Frau nie.

Auch wenn handfeste Beweise fehlten, überzeugte Zanas Geschichte Porschnew davon, daß es sich bei den Almas um überlebende Neandertaler handelt, eine Meinung, die auch von einigen anderen Forschern geteilt wird. Die eigentlichen Neandertaler lebten als Jäger und Sammler in Westeuropa, Nordafrika und im heutigen Mittelasien, bevor sie vor etwa 40 000 Jahren dem Cromagnonmenschen wichen. Sie werden von den meisten Paläanthropologen als Unterart der Art Homo sapiens betrachtet, die sich biologisch nicht sehr von uns unterscheidet.

Diese vermutlich enge Verwandschaft würde bedeuten, daß sich heutige Menschen und Neandertaler miteinander fortpflanzen könnten. Tatsächlich glauben einige Experten, daß diese alte Rasse nicht ausstarb, sondern lediglich von der dominanten Art Homo sapiens aufgesogen wurde. Da es im allgemeinen nicht möglich ist, daß ein Exemplar einer Spezies, das sich mit dem einer anderen paart, lebensfähigen Nachwuchs zur Welt bringt, schien die Existenz von Zanas Enkelkindern Porschnews Theorie, es würde sich bei den Almas um überlebende Neandertaler handeln, für einige Leute glaubhaft machen. Und natürlich war da noch Zanas Angewohnheit, runde Steine gegeneinanderzuschlagen – vielleicht, wie Porschnew meinte, um Steinwerkzeuge herzustellen, wie es ihre möglichen Vorfahren im Pleistozän getan hatten.

In jüngerer Zeit hat die russische Anatomin und Alpinistin Marie-Jeanne Koffmann über Jahre hinweg Berichte von Almas zusammengetragen und mit Hilfe moderner statistischer Methoden ausgewertet. Ihre Analyse hat dem Bild neue Details hinzugefügt. Sie ist zu dem Schluß gekommen, daß es sich bei den Almas um ein Revier bewohnende Lebewesen handelt, die entsprechend dem jahreszeitlichen Wandel der Vegetation zwischen hochgelegenen Wäldern und tiefen Tälern hin- und herwandern.

Darüber hinaus meint Frau Koffmann, daß die Almas durch die immer größere Zahl von Menschen im Kaukasus vom Aussterben bedroht sind. Wurden sie früher häufig beobachtet, hört man heute nur noch selten Berichte. „Wir sind Zeugen vom Ende des kaukasischen Hominoiden", schrieb Frau Koffmann im Jahr 1984. Ähnlich pessimistisch wird aus den vermutlichen Lebensräumen der Almas in der Mongolei berichtet.

Doch welches Schicksal ihnen auch beschieden sein mag, die Almas bleiben geheimnisvoll. An offizieller Stelle hüllt man sich in der Sowjetunion in Schweigen. Sollten dort irgendwelche überzeugenden, physischen Beweise existieren, wie etwa die Leiche eines Almas oder ein in Gefangenschaft lebendes Exemplar, so ist dies der restlichen Welt nicht bekannt gemacht worden.

Auch in der Volksrepublik China soll eine Rasse zottiger Hominoiden umherstreifen. Man nennt sie Wildmenschen, und sie wurden über Jahrhunderte hinweg angeblich immer wieder gesichtet, vor allem in den südlichen Provinzen, wo riesige Wälder das Land bedecken.

Im Jahr 1950 machte erstmals ein Wissenschaftler eine solche Beobachtung. Damals berichtete der Geologe Fan Jingquan, in einem Wald der Provinz Shanxi aus der Ferne zwei Wildmenschen – offenbar Mutter und Sohn – gesehen zu haben. Als dann 1961 Straßenarbeiter aus einem dichtbewaldeten Gebiet der Provinz Yunnan meldeten, einen weiblichen Wildmenschen getötet zu haben, entsandte die chinesische Akademie der Wissenschaften ein Experten-Team. Die Forscher fanden zwar keinen Kadaver, kamen aber zu dem Schluß, daß es sich bei dem Tier, das nur etwa 1,20 Meter groß gewesen war, wahrscheinlich um einen gewöhnlichen Gibbon gehandelt hatte.

Die meisten chinesischen Wissenschaftler hegten Zweifel an der Existenz des Wildmenschen, doch wurde immer wieder von Sichtungen berichtet. Als beispielsweise 1976 eine Kolonne von Forstleuten in den Shennongjia-Bergen in der Provinz Hubei unterwegs war, stand plötzlich auf der Straße im Licht ihrer Scheinwerfer ein großes, zottiges Geschöpf. Einige Männer kletterten aus den Wagen und gingen bis auf ein oder zwei Meter an das Wesen heran. Später telegraphierten sie einen Bericht an die Chinesische

Die chinesische Bäuerin Gong Yulan zeigt Wissenschaftlern den Baum, bei dem sie im Juni 1976 ein zottiges, menschenähnliches Wesen beobachtet hatte, das sich am Stamm den Rücken scheuerte. Es wurden tatsächlich Haare an der Rinde des Baums entdeckt, die man für die eines unbekannten höheren Primaten hielt.

Nach den Berichten Hunderter von Augenzeugen ist der rauhe Nordwesten des amerikanischen Kontinents (gegenüberliegende Seite) die Heimat des Sasquatch oder Bigfoot. Hier sind die Zeichnungen einiger Personen abgebildet, die das rätselhafte Geschöpf angeblich gesehen haben.

Ein Jugendlicher aus Montana fertigte diese beiden Skizzen von einem Bigfoot an, den er angeblich 1976 gesehen hatte.

Akademie der Wissenschaften, in dem sie entschieden betonten, daß es sich weder um einen Bären noch um irgendein anderes ihnen bekanntes Tier gehandelt hatte.

1955 will William Roe in British Columbia diesen Sasquatch gesehen haben.

Es folgte eine ausgedehnte Suchaktion, an der sich fast 100 Wissenschaftler mit ihren Assistenten beteiligten, die – unterstützt von Armee-Einheiten – innerhalb eines Zeitraumes von zwei Jahren ein rund 1300 Quadratkilometer großes Gebiet durchkämmten. Geleitet wurde die Aktion von Zhou Guoxing, einem Paläanthropologen vom Naturhistorischen Museum in Beijing, der es mit Gleichmut hinnahm, daß die Suche nur indirekte Beweise für die Existenz des Wesens erbrachte, die im wesentlichen aus übergroßen Fußspuren sowie mehreren Haarbüscheln und einigen Exkrementen bestanden.

Diese Aktion hatte großes Aufsehen erregt, und sie zog eine neue Welle von Berichten über Beobachtungen nach sich. Eine besonders faszinierende Schilderung stammt von einem gewissen Pang Gensheng, der nach eigenen Angaben einem zottigen Wildmenschen begegnet war, während er im Wald Holz gehackt hatte. Dieses Exemplar zeigte überhaupt keine Scheu, sondern kam geradewegs auf den erschreckten Mann zu, der immer weiter zurückwich, bis er schließlich mit dem Rücken gegen einen Felsen stand und abwehrend seine Axt hob.

Dieser Bigfoot soll 1971 einem Lehrer aus Oregon begegnet sein.

Die beiden standen vielleicht eine Stunde lang so da, dann warf Pang Gensheng einen Stein, der das Tier an der Brust traf. Es heulte auf und hastete unter Klagelauten davon. An einem Baum blieb es noch einmal stehen, um sich anzulehnen, bevor es in einer kleinen Schlucht verschwand. Dieser überraschende Besucher war angeblich über zwei Meter groß gewesen und hatte breite Schultern, eine fliehende Stirn und lange Arme gehabt.

Dutzende ähnlicher Berichte, zahlreiche Fußspuren wie auch mehrere indirekte Beweise – etwa Haare, die nach einer Analyse offenbar von keinem bekannten Tier stammten – haben Zhou Guoxing und einige andere Wissenschaftler zu der Überzeugung gebracht, daß der Wildmensch tatsächlich existiert. Aber wie er offen bekennt, wird der Weg bis zum endgültigen Beweis steinig sein, denn da gibt es nicht nur Betrug und falsche Fährten, sondern sogar Wissenschaftler, die „nicht immer ganz objektiv oder wissenschaftlich gesinnt sind“.

Daß Zhou Guoxing selbst strenge Maßstäbe anlegt, bewies er 1980 bei der Untersuchung von konservierten Händen und Füßen, die angeblich von einem Wildmenschen stammten. Schnell kam der Wissenschaftler zu dem Schluß, daß es sich vielmehr um die Gliedmaßen einer Affenart handelte, wahrscheinlich einer unbekannten Makakenart, mit der sich auch gelegentliche Berichte von Wesen erklären würden, die kleiner als Menschen waren und in den abgelegenen Wäldern Südchinas gesehen wurden.

Dennoch hält der Wissenschaftler es für biologisch sowie ökologisch durchaus wahrscheinlich, daß in den dichten, riesigen Wäldern Chinas große nachtaktive, allesfressende Primaten leben. In den meisten Gebieten, aus denen heute wiederholt von Wildmenschen berichtet wird, hat sich der Wald im Laufe der Jahrtausende nur wenig verändert. Und im Pleistozän – einem relativ kurz zurückliegenden Erdzeitalter, das erst vor 10 000 Jahren zu Ende ging – gehörte zu den dominanten Arten dieser Region offenbar ein großes, affenähnliches Geschöpf, das man heute *Gigantopithecus* nennt.

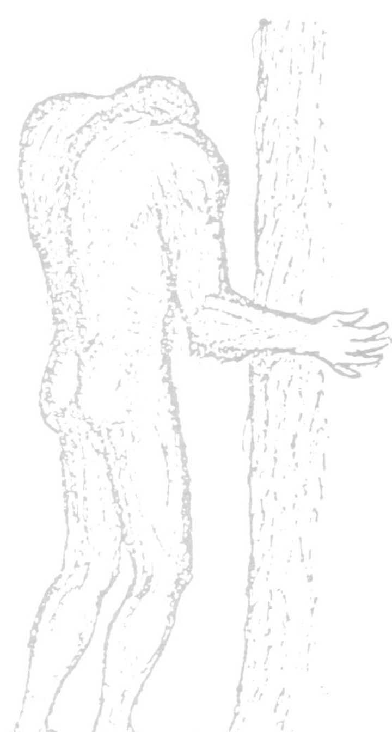

1974 sichtete der Holzfäller Jack Cochran aus Oregon dieses seltsame Wesen.

Die Wissenschaftler glauben, daß dieser Riese schon lange ausgestorben ist, und kennen ihn nur aufgrund von versteinerten Kiefern und Zähnen. Auch die meisten anderen Tierarten, die im Pleistozän lebten, existieren heute nicht mehr, wenngleich es Ausnahmen gibt. Überlebt haben beispielsweise der Tapir und der scheue Riesenpanda, der die hochgelegenen Bambuswälder Szechuans bewohnt.

Für Zhou Guoxing und andere erscheint es nicht abwegig, daß der *Gigantopithecus* in den einsamen Wäldern der Region fortlebte und sich – statt auszusterben – zu dem heutigen Wildmenschen entwickelte. Und wenn man bedenkt, daß ihr Wandertrieb Menschen und Tiere über die ganze Erde verbreitete, dann ist er vielleicht auch der Ahne des legendären nordamerikanischen Bigfoot oder Sasquatch, wie er in Kanada genannt wird.

Niemand weiß genau, wann zum erstenmal Menschen auf den nordamerikanischen Kontinent gelangten. Es scheint aber sicher, daß sie aus Asien kamen und – vermutlich auf der Jagd – den Nordpazifik im Bereich der Beringstraße überquerten. Genau wie die Säugetiere, die über Tausende von Jahren immer wieder zu Wanderungen aufbrachen, erreichte der Mensch Nordamerika, als durch das Vordringen der Eiszeitgletscher der Meeresspiegel sank und zwischen dem heutigen Sibirien und Alaska eine Landbrücke entstand.

Etwa 8000 v. Chr. hatten sich Menschen mongoliden Ursprungs über Nord- und Südamerika verbreitet. Und vielleicht nahmen sie Stammesüberlieferungen von zottigen Ungetümen mit sich, deren schauerliches Geheul einst die asiatische Nacht durchdrungen hatte. Jedenfalls wird bei einigen amerikanischen Indianern auch heute noch von solchen Wesen erzählt, nämlich bei jenen Stämmen, die in Waldgebieten leben, insbesondere in den hochgelegenen Wäldern im Nordwesten der USA.

Von einem dieser Stämme, den Salish aus British Columbia, stammt auch der Name Sasquatch. Die Huppa in Nordkalifornien nennen das Wesen *oh-mah-ah* oder kurz *omah*. Anders als beim Schneemenschen herrscht hier keine Sprachverwirrung. Die verschiedenen Namen bedeuten ganz einfach „wilde Menschen der Wälder". Und es waren die dichtbewaldeten Gebiete des Kontinents, in denen später auch weiße Einwanderer dem Wesen begegneten oder auf seine Spuren stießen.

Im Jahr 1811 entdeckte der kanadische Händler David Thompson beim Überqueren der nördlichen Rocky Mountains nahe dem heutigen Jasper in Alberta riesige Spuren im Schnee, die etwa 35 mal 20 Zentimeter groß waren, und im Laufe der nächsten Jahrzehnte tauchten immer wieder Schilderungen von Begegnungen auf. Die meisten kamen aus British Columbia, und viele klangen sehr phantastisch. In einem Bericht war von mehreren zottigen Riesen die Rede, die in der Nähe von Kelso in Washington über die Hütte eines Goldsuchers hergefallen waren, doch schenkte die Öffentlichkeit solchen Geschichten wenig Beachtung.

Als jedoch in den frühen 50er Jahren unseres Jahrhunderts Eric Shiptons Photo der riesengroßen Yeti-Spuren am Mount Everest die internationale Aufmerksamkeit auf sich zog, begannen sich einige Nordamerikaner der Berichte über ihre eigenen legendären Riesen zu entsinnen. Einer von ihnen war der Journalist John Green. Zunächst hatte sich Green für die Geschichten über den Sasquatch interessiert, weil er mit ihnen die

Der ehemalige Holzfäller Albert Ostman (rechts im Bild) behauptete, daß er noch nie etwas von einem Sasquatch gehört habe, als er 1924 in British Columbia zelten ging, wo er dann nach eigenen Angaben sechs Tage lang von einer Sasquatch-Familie gefangengehalten wurde. Aus Angst vor Spott behielt Ostman sein Abenteuer lange Jahre für sich und gab es erst 1957 preis, als ihn der Bigfoot-Forscher René Dahinden (links) interviewte.

Auflage der kleinen Zeitung zu erhöhen hoffte, die er gerade in British Columbia gekauft hatte. Bald aber entwickelte er sich zu einem herausragenden Kenner dieser Materie, und schließlich überließ er die Zeitung seiner Frau, um sich ganz dem Sasquatch widmen zu können.

Ein anderer begeisterter Bigfoot-Jäger jener Zeit war René Dahinden, ein aus der Schweiz stammender Kanadier, der seine Beute mit solch leidenschaftlicher Ausdauer verfolgte, daß darüber seine Ehe zerbrach. Auch nachdem er schon über 30 Jahre vergebens den faszinierenden Spuren dieses Geschöpfes gefolgt war – manchmal zusammen mit Green –, dachte Dahinden keineswegs daran aufzugeben. „Frauen?" spottete er einmal gegenüber einem Reporter, „für die habe ich keine Zeit."

John Greens erste Sasquatch-Geschichte erschien am 1. April 1955. Es war eine phantastische Erzählung von einem zottigen Riesen, der eine junge Frau aus einem Mineralbad im nahe gelegenen Harrison Hot Springs verschleppte, und sie war als Aprilscherz gedacht. Die Stadtväter von Aggasiz fanden sie aber so amüsant, daß sie später, als sie nach einer Idee suchten, um in ihrer Stadt das 100jährige Bestehen von British Columbia zu feiern, beschlossen, eine fingierte Sasquatch-Jagd zu veranstalten. Dieser harmlose Humbug hatte einen Besuch des eifrigen René Dahinden zur Folge, der sehr verlegen war, als er erfuhr, daß es sich bei der ganzen Jagd nur um einen Scherz handelte.

Aber durch all den Trubel kam Green auch mit einer Reihe von Einheimischen zusammen, die den Sasquatch keineswegs für einen Scherz hielten. Es setzten sich Leute mit ihm in Verbindung, die glaubwürdig schienen; diese hatten in der Gegend riesige, menschenähnliche Spuren von 40 mal 20 Zentimeter Größe gesehen. Ferner erhielt er die eidesstattliche Erklärung eines Trappers namens William Roe, der in jenem Jahr bei einer verlassenen Mine nahe Jasper in Alberta nach Gold geschürft hatte und dabei einem Wesen begegnet war, das er zunächst für einen normalen Grislybären hielt.

„Dann sah ich, daß es kein Bär war", sagte Roe. „Im ersten Moment glaubte ich, einen riesigen Mann von etwa 1,80 Meter Größe, mit fast 90 Zentimeter breiten Schultern und schätzungsweise um die drei Zentner Gewicht vor mir zu haben. Er war von Kopf bis Fuß mit einem dunkelbraunen Haarkleid bedeckt, dessen Spitzen im Licht silbern schimmerten". Von seinem Versteck aus beob-

Im Jahr 1967 wurden beim Blue Creek Mountain in Nordkalifornien während der Rodungsarbeiten für eine neue Straße (links) Hunderte von Spuren entdeckt, die, wie es hieß, von einem Bigfoot stammten. Nach dem Experten René Dahinden (oben) waren die größten Abdrücke 38 Zentimeter lang, und die Schrittlänge betrug 1,30 Meter. Forscher konnten zwar einen Schwindel nicht ganz ausschließen, meinten aber, daß die Spuren wohl tatsächlich von einem Lebewesen stammten.

Mit Roger Pattersons faszinierendem Film von einem großen, zottigen Wesen erreichte die Kontroverse um den Bigfoot ihren Höhepunkt. Auch wenn der 1967 entstandene Film nach Ansicht der Experten keinen Anhaltspunkt für einen Betrug gab, konnte Patterson nicht sagen, mit welcher Geschwindigkeit er ihn aufgenommen hatte. Für die Bewertung des Films wäre dies eine entscheidende Information gewesen.

achtete Roe, wie das Geschöpf näherkam – er konnte jetzt erkennen, daß es ein Weibchen war – und sich niederhockte, um mit den Zähnen Blätter von den Zweigen abzustreifen, ähnlich wie es Affen tun.

Dann entdeckte es Roe in den Büschen. „Ein Ausdruck des Erstaunens zeigte sich auf seinem Gesicht. Immer noch hockend, wich es drei oder vier kurze Schritte zurück und richtete sich dann zu voller Größe auf." Im Fortlaufen legte das Wesen, wie Roe sagte, den Kopf zurück und stieß „ein seltsames Geräusch aus, das eine Mischung aus Lachen und Sprechen zu sein schien".

Green war von solchen Berichten hingerissen und schloß sich Dahinden an, um mit ihm gemeinsam nach Geschichten vom Sasquatch und nach Beweisen für seine Existenz zu suchen. Zu ihren ersten gemeinsamen Unternehmungen gehörte 1957 die Befragung des ehemaligen Holzfällers Albert Ostman, der bereit war, ihnen eine phantastische Geschichte zu erzählen, über die er nach eigenen Angaben 33 Jahre lang Stillschweigen bewahrt hatte.

Wie Ostman berichtete, hatte er während seiner Ferien im Jahr 1924 beschlossen, nahe dem Toba Inlet, gegenüber Vancouver Island, nach Gold zu suchen, und sein Lager bei einer Quelle aufgeschlagen. An zwei aufeinanderfolgenden Morgen mußte er beim Aufstehen jedoch feststellen, daß seine Ausrüstung durcheinandergebracht worden war – wohl von einem Stachelschwein, wie er vermutete. In der dritten Nacht erwachte Ostman dann voller Entsetzen, weil er spürte, wie ihn jemand mitsamt seinem Schlafsack hochhob. Seiner Schätzung nach wurde er so rund 40 Kilometer durch die Berge getragen.

Nachdem er wieder abgesetzt worden war und sich aus seinem Schlafsack befreit hatte, fand sich Ostman in einem kleinen, von hohen Felsen umgebenen Tal wieder. Er wurde von einer Familie riesiger, zottiger Geschöpfe angestarrt, bei denen es sich vermutlich um Sasquatchs handelte. Die Familie bestand aus dem riesigen, etwa 2,50 Meter großen Vater, der gut zwei Meter großen Mutter, einem Sohn gleicher Größe und einer kleineren Tochter, und sie schwatzten auf eine Weise miteinander, die ihrem Gefangenen sehr menschlich erschien, auch wenn er sie nicht verstand. Die Sasquatchs taten Ostman nichts und bedrohten ihn nicht einmal, doch sie ließen ihn auch nicht frei.

„Ihr Kopfhaar hatte eine Länge von etwa 15 Zentimetern", erinnerte sich Ostman später. Die restliche Körperbehaarung war „kurz und an manchen Stellen dicht". Sie hatten große Füße mit wulstigen Sohlen und breite Hände mit Nägeln „wie Meißel". Da sie außerordentlich beweglich waren, konnten sie behende Felswände emporklettern, mit Ausnahme der Mutter, „die sehr breite Hüften hatte und watschelte". Der Sohn kam nahe genug an Ostman heran, um Schnupftabakprisen von ihm zu nehmen, die er gierig herunterschluckte. Dieser „junge Kerl" hatte breite Kiefer und einen schmalen Schädel, und der Hinterkopf war zehn bis zwölf Zentimeter höher als die Stirn.

Wie Ostman behauptete, verbrachte er sechs Tage im Tal der Sasquatchs, bevor ihm die Flucht gelang. Seine Chance kam, als er den Alten dazu bewegen konnte, eine Dose mit Schnupftabak anzunehmen. Der Sasquatch schluckte den Schnupftabak auf einmal hinunter, und sofort wurde ihm schlecht. In dem nachfolgenden Durcheinander konnte Ostman aus dem Tal fliehen und erreichte schließlich die Küste, wo er mit einem Boot in die Zivilisation zurückkehrte.

Im Jahr 1958 begab sich Green eilends in die einsame Gegend des Bluff Creek in Nordkalifornien, um einem Bericht des Bulldozerfahrers Jerry Crew nachzugehen. Crew arbeitete damals an einer neuen Straße, die durch ein 44 000 Quadratkilomter großes, wildes Gebiet führte. Eines Morgens im August entdeckte er im Schlamm um seinen Bulldozer zahlreiche riesige, menschenähnliche Spuren. Etwas ungehalten über diesen vermeintlichen Schabernack, machte er sich an seine Arbeit, doch als er an den folgenden beiden Morgen wieder Spuren fand, bat Crew seine Arbeitskollegen, einen Blick darauf zu werfen. Es stellte sich heraus, daß einigen der Männer bereits Geschichten über hünenhafte, zweibeinige Waldwesen zu Ohren gekommen waren, und manche seiner Kollegen behaupteten sogar, sie in dieser Gegend selbst gesehen zu haben.

Mit Hilfe eines heimischen Jägers und Präparators namens Bob Titmus, der die Spuren untersuchte und erklärte, daß sie von keinem bekannten Tier stammten, fertigte Crew Gipsabgüsse an, die fünf Zentimeter tief und 40 Zentimeter lang waren. Eine Zeitung in Eureka brachte die Geschichte auf der Titelseite, und schnell wurde Crew Mittelpunkt internationaler Aufmerksamkeit.

Nicht lange nachdem John Green in das Gebiet des Bluff Creek gekommen war, um Crews Bericht auf den Grund zu gehen, entdeckte auch er Spuren. Und aus den Wäldern drangen nun noch dramatischere Geschichten. So berichtete der Waldarbeiter Wilbur Wallace, er habe von einer Baustelle aus Sasquatch-Spuren einen steilen Hang hinunterverfolgt und mehr als 50 Meter von der Straße entfernt ein 200-Liter-Faß voll Dieselöl entdeckt. Nach den Spuren zu urteilen, hatte das Geschöpf das Faß hochgehoben, bis zum Rand der Straße getragen und es dann den Abhang hinuntergeschleudert. Andere Ausrüstungsgegenstände, darunter ein gut zwei Zentner schwerer Lastwagenreifen, ereilte in den folgenden Tagen das gleiche Schicksal. Im ganzen Gebiet wurden Spuren entdeckt, und eine Reihe von Leuten – zu denen auch offenbar so glaubwürdige Zeugen wie ein hervorragender Jäger und zwei Ärzte gehörten – behaupteten, daß sie flüchtig zottige, aufrechtgehende Rie-

Die fesselnde Szene in Roger Pattersons 1967 entstandenem Film wurde aus etwa 40 Meter Entfernung aufgenommen und zeigt, wie sich der mutmaßliche Bigfoot einmal kurz der Kamera zuwendet. Forscher schätzten, daß das Geschöpf etwas über 1,80 Meter groß war und rund 150 Kilogramm wog.

1969 entdeckte man nahe Bossburg im Bundesstaat Washington Spuren, an denen nicht nur die außergewöhnliche Größe bemerkenswert war, sondern auch eine Mißbildung des rechten Fußes (unten). Fachleute, die Abgüsse der Fußspuren (gegenüberliegende Seite) begutachteten, kamen zu der Auffassung, daß sich die Mißbildung schwer nachahmen ließ.

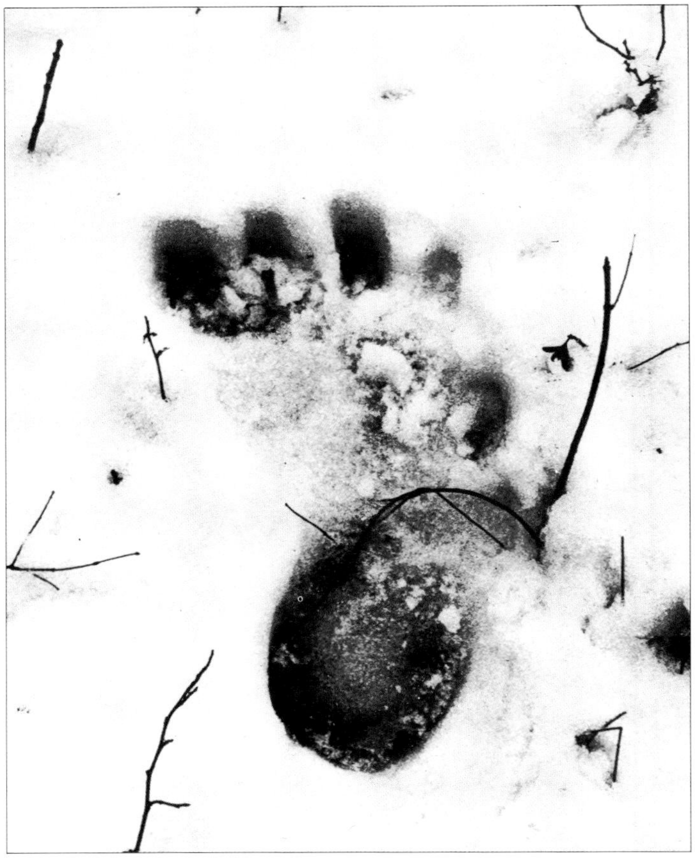

sen erblickt hatten. Als ein Reporter einige Huppa-Indianer fragte, was das wohl für Wesen sein könnten, meinte ein alter Mann nur: „Mein Gott, ist der weiße Mann auch endlich darauf gestoßen?"
Es schien kein Zweifel daran zu bestehen, daß die Spuren weder von einem normalen Menschen noch von einem bekannten Tier stammten, da die Schrittlänge beim Gehen 1,20 Meter und beim Laufen drei Meter betrug. Und eine Maschine hätte die steilen Abhänge nicht überwinden können, an denen die Spuren oft hinauf- oder hinabführten. Vielleicht waren die Beobachtungen und selbst die Spuren auf Schabernack zurückzuführen, doch gab es für solche Vermutungen keine stichhaltigen Anhaltspunkte.

Eine weitere Beobachtung wurde, neun Jahre nachdem Crew dort seine Gipsabdrücke genommen hatte, wieder im Gebiet des Bluff Creek gemacht. Die Ausbeute dieses späteren Vorfalls waren weitere Gipsabgüsse und Pattersons berühmter, gut sieben Meter langer Film. Indessen aber gab es auch aus vielen anderen Teilen der Vereinigten Staaten – wie etwa Ohio, Michigan und dem weit östlich gelegenen Maine – Berichte, denen nach nicht nur die Spuren der zottigen Riesen verfolgt worden waren, sondern man auch ihren Geruch wahrgenommen und sie schreien gehört hatte. So berichteten Leute beispielsweise von einem übelriechenden, menschenähnlichen Ungetüm, das in den Sümpfen Floridas lauerte. Ähnliche Geschichten waren auch aus den einsamen, undurchdringlichen Sümpfen entlang dem Mississippi zu vernehmen.

Dann wurde in den 70er Jahren eine neue – und nach Ansicht der meisten Kryptozoologen völlig absurde – Erklärung über die Herkunft solcher Geschöpfe verbreitet. 1973 setzte im pennsylvanischen Westmoreland County und in anderen Gegenden im Osten und Mittelwesten der USA eine plötzliche Welle von Sasquatch-Sichtungen ein. So entdeckten beispielsweise am 27. September etwa gegen 21.30 Uhr zwei junge Anhalterinnen in einem Wald ein riesiges, zottiges Wesen, worauf die entsetzten Mädchen nach Hause liefen und dort von einem weißen, 2,50 Meter großen Ungetüm mit glühenden roten Augen berichteten, das eine leuchtende Kugel in der Hand gehalten habe. Später behaupteten dann mehrere Leute, in jener Nacht in dem Gebiet etwas beobachtet zu haben, das einem Flugkörper ähnlich sah, der bewegungslos über dem Wald schwebte und einen Lichtstrahl auf den Boden richtete. Es hatte den Anschein, als würde zwischen den sich häufenden Sasquatch-Begegnungen und den UFO-Sichtungen ein Zusammenhang bestehen, was einige Leute zu der Vermutung veranlaßte, bei dem Sasquatch würde es sich um einen Außerirdischen handeln.

Diese Theorie schien sich nur einen Monat später zu bestätigen, als nahe Greensburg in Pennsylvannia ein Dutzend Menschen ein großes, rotes UFO sichteten, das offenbar auf einer entfernten Wiese herunterging. Ein junger Mann, der seinen Bericht von dem Vorfall später unter dem Pseudonym Stephen veröffentlichte, ergriff ein Gewehr und fuhr zusammen mit seinen beiden zehnjährigen Zwillingsbrüdern los, um der Sache auf den Grund zu gehen. Als sie sich der Wiese näherten, wurde das Scheinwerferlicht ihres Autos schwächer. Sie hielten an und gingen zu Fuß weiter, bis sie vor sich ein helles, kuppelförmiges Flugobjekt von etwa 30 Meter Durchmesser erblickten, das direkt über dem Boden schwebte. Sie hörten ein leises, summendes Geräusch und irgendwo ganz in der Nähe Schreie.

In diesem Moment schrie einer der Zwillinge entsetzt

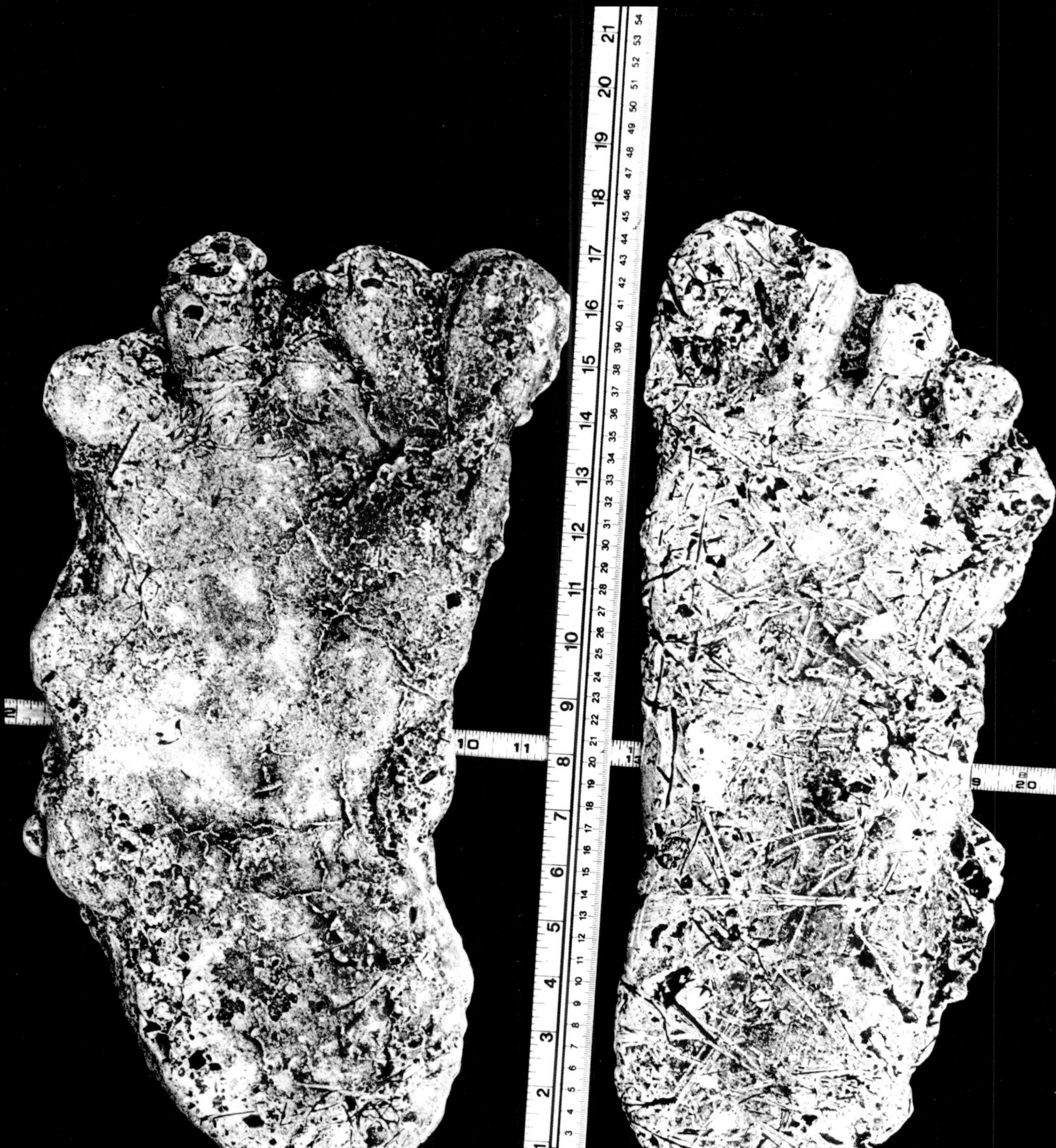

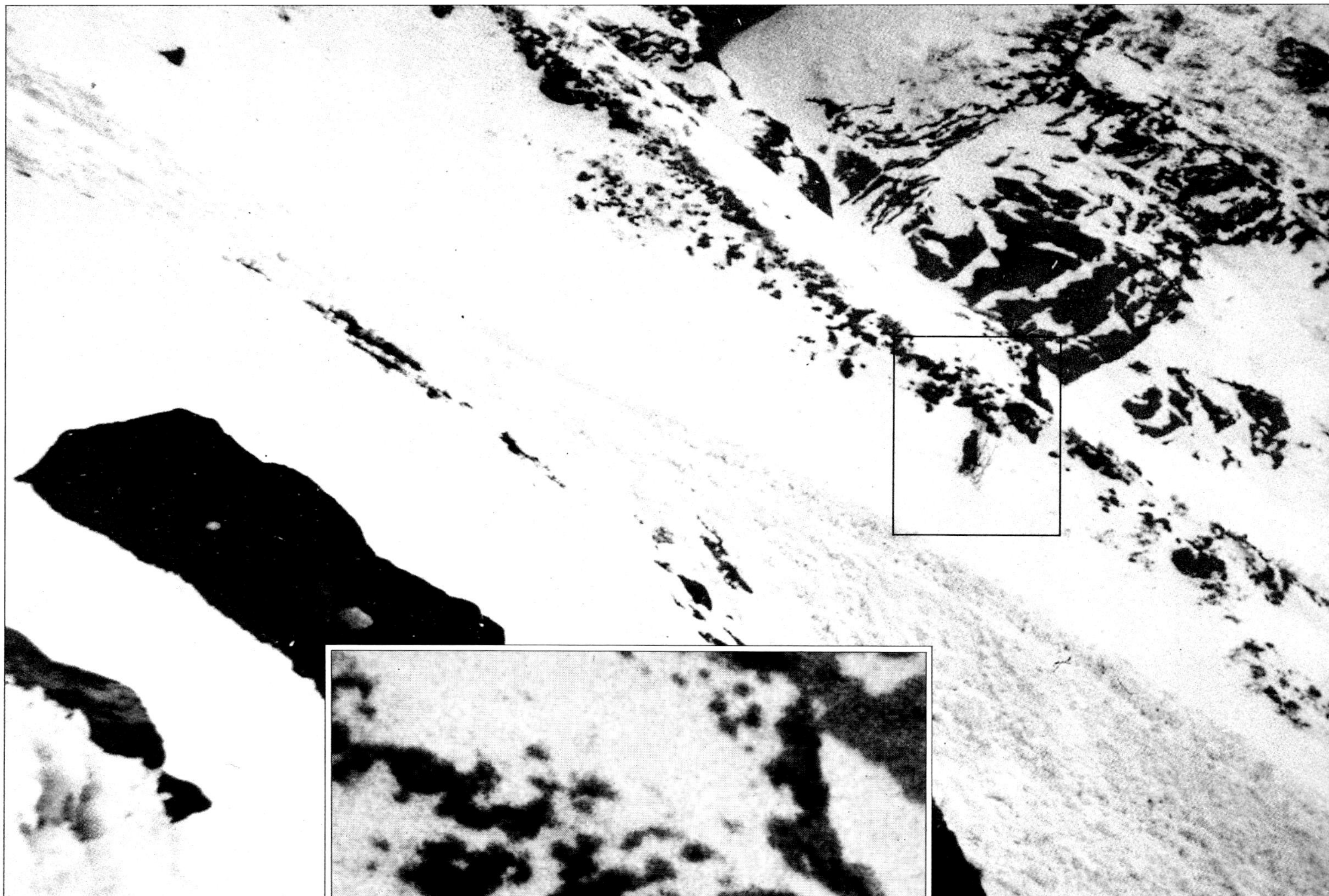

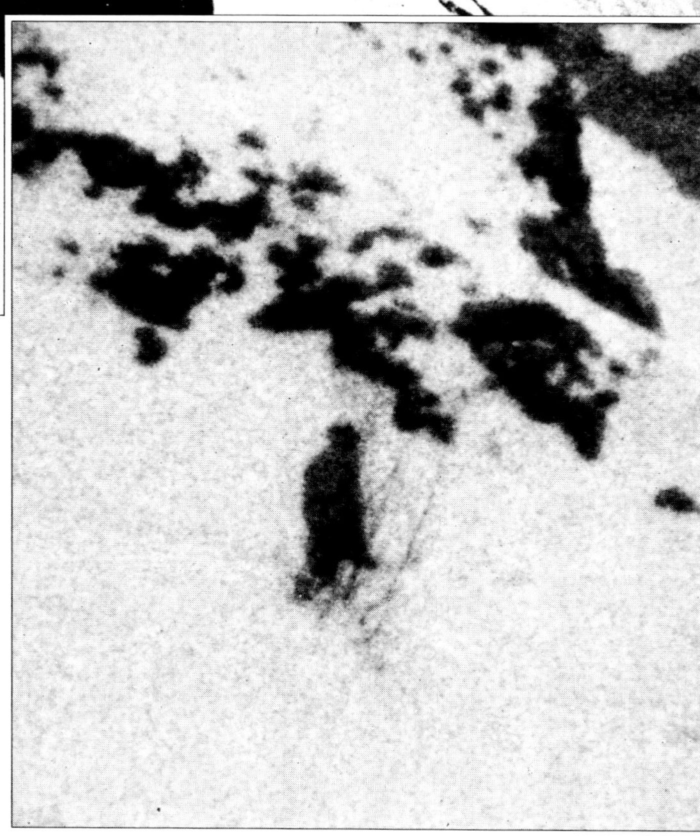

auf, weil er im Schein des riesigen Gefährts zwei affenähnliche Wesen von rund 2,50 Meter Größe entdeckt hatte, die schwerfällig über die Wiese auf sie zukamen. Sie hatten ein graues Fell und glühende, grüne Augen. Stephen feuerte zweimal über ihre Köpfe hinweg, um sie zu vertreiben, doch sie kamen immer näher. Einer der Zwillinge ergriff panikartig die Flucht, während Stephen dreimal auf das größere der beiden Wesen schoß. Es begann daraufhin leise zu wimmern und erhob seine Hände. Im selben Moment verschwand das leuchtende, blasenförmige Fahrzeug, und die beiden Riesen wandten sich ab und tauchten in der Dunkelheit unter.

Polizei und UFO-Forscher, die später in dieser Nacht am Ort des Geschehens eintrafen, konnten weder eine Spur von den beiden Wesen noch einen Hinweis auf eine Landung entdecken, doch nahmen sie einen äußerst unangenehmen Schwefelgeruch wahr. Einige Personen litten unter Atemnot sowie Schwindelanfällen. Stephen jedoch zeigte eine noch weit heftigere Reaktion. Er fing an zu knurren und mit seinen Armen zu kreisen, wobei er heftig zitterte; schließlich lief er wiederholt um die Wiese herum, bis er zusammenbrach.

Solche Berichte von gleichzeitigen Sichtungen sasquatchähnlicher Wesen und UFOs sind relativ selten, tauchen jedoch immer wieder auf, insbesondere im mittleren Westen der Vereinigten Staaten. Und es verwundert nicht,

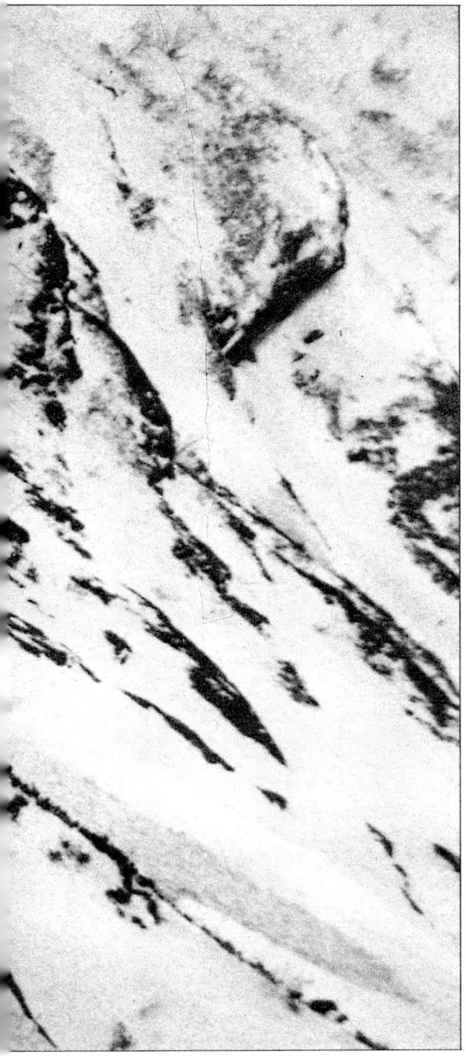

Als Anthony Wooldrigde im März 1986 im Himalaya über diese kahle Landschaft jenseits einer Lawine blickte, die wenige Augenblicke zuvor niedergegangen war und ihm nun den Weg versperrte, entdeckte er, wie er glaubte, die Gestalt eines Yeti (kleine Abbildung). Später sagte Wooldrigde, bei dem vermeintlichen Yeti habe es sich wohl eher um einen Felsen gehandelt.

daß sie zur Entstehung einiger seltsamer Theorien geführt haben. Eine stammt von dem Magier und Autor John Keel, der selbst über UFOs geschrieben hat. Seiner Ansicht nach materialisierten sich die Wesen, die in der Nähe gelandeter UFOs gesehen wurden, indem sie die Energie des oder der Beobachter anzapften, also durch eine Art unblutigen Vampirismus, der es ihnen vorübergehend ermöglichte, aus einer anderen Dimension in unsere Welt zu treten. Nach Keel würde sich so auch erklären, warum der Sasquatch seinen Jägern immer wieder entkommt und die einzigen greifbaren Beweise für seine Existenz etwa 1500 Fußspuren sind, die ins Nichts führen.

Gewiß kann man dergleichen Theorien als Unsinn abtun, doch immerhin betrachtet zumindest ein renommierter Wissenschaftler die zahlreichen Spuren als ausreichenden Beweis dafür, daß es den Sasquatch wirklich gibt. Der britische Anatom und Anthropologe John Napier, der in den 60er Jahren an der Smithsonian Institution Leiter der Abteilung für Primatologie und später Professor an der University of London war, nahm eine sorgfältige Prüfung des Beweismaterials vor und veröffentlichte 1973 das Buch *Bigfoot: The Yeti und Sasquatch in Myth and Reality*.

Nach Napiers Ansicht waren die Beweise für die Existenz des Sasquatch nahezu erdrückend. „Niemand bezweifelt, daß es sich bei einigen der Fußspuren um Schabernack handelt und manche Zeugen lügen", räumte er ein, „aber selbst wenn nur *eine* Spur und *ein* Bericht echt sind, dann muß der Sasquatch aus der Sagenwelt verbannt werden und Eingang in die Realität finden." Die Last der Beweise habe ihn, so sagte er, davon überzeugt, daß „einige der Spuren echt sind" und der „Sasquatch tatsächlich existiert".

Obwohl Napier den Berichten über den Yeti durchaus positiv gegenüberstand, verbot es ihm seine Vorsicht als Wissenschaftler, sie als bare Münze zu nehmen. Die durch den schmelzenden Schnee entstandenen Verformungen der Fußabdrücke, die relativ ungenauen Berichte über die Sichtungen und der Glaube der Sherpas an die Dualität der Wirklichkeit veranlaßten Napier, genau wie zuvor Edmund Hillary, den Yeti als Phantasiegebilde zu bewerten. Und doch gab es ein Beweisstück – Shiptons deutlicher, wenn auch rätselhafter Abdruck aus den 50er Jahren –, das Napier auch weiterhin beschäftigte.

Dreizehn Jahre nach Veröffentlichung seines Buches fiel Napier ein anscheinend überzeugender Beweis für die tatsächliche Existenz des Yeti in die Hände. Das neue und faszinierende Beweisstück stammte von dem Engländer Anthony B. Wooldrigde, der sich im März 1986 im nordindischen Himalayagebiet nahe der nepalesischen Grenze aufhielt und eines Morgens in etwa 3300 Meter Höhe auf seltsame Spuren im Schnee stieß, die eine Länge von etwa 25 Zentimetern hatten. Wooldrigde kämpfte sich weiter voran, bis ihm sein Weg etwa 600 Meter höher durch die Reste einer Feuchtschneelawine versperrt wurde. Als er sich dem unpassierbaren Schneeberg näherte, entdeckte er auf der anderen Seite weitere Spuren, die über einen Abhang zu einem kleinen Busch führten. Und hinter dem Busch stand, wie es schien, starr und unbeweglich eine aufrechte Gestalt von mindestens 1,80 Meter Größe.

„Der Kopf war groß und beinahe quadratisch", berichtete Wooldrigde später, "und der ganze Körper schien mit dunklem Haar bedeckt." Er konnte sich dem vermeintlichen Wesen, das regungslos hinter dem Busch verharrte, bis auf 150 Meter nähern und es photographieren.

In England zeigte er seine Aufnahmen verschiedenen Wissenschaftlern, darunter dem Zoologen Desmond Morris, der Berichten über den Yeti bis dahin mit Skepsis begegnet war. Morris fand die Bilder „rätselhaft". Napier gab sich weniger zurückhaltend. „In meinen Augen", so schrieb er, „handelt es sich bei der Gestalt auf der Photographie um einen Hominiden ... Das Geschöpf kann nur ein Yeti sein."

Die Photos von Wooldrigde schienen wirklich überzeugend und zeigten anscheinend eine menschenähnliche

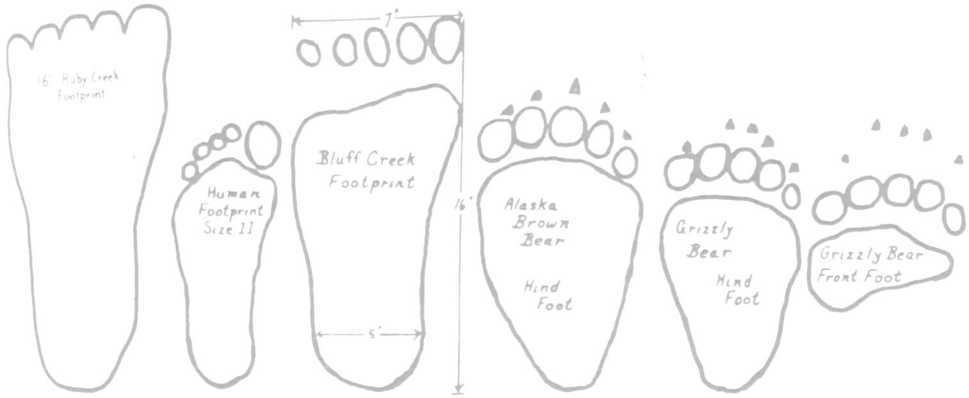

Mutmaßliche Bigfoot-Spuren sind häufig als große Fußabdrücke eines Menschen oder Bären beziehungsweise als Betrug abgetan worden. Wenn man aber die Spuren eines Bigfoot mit denen eines Menschen oder Bären vergleicht, sind deutliche Unterschiede zu erkennen.

Gestalt, die neben einem Gebirgsstrauch stand *(S. 122-123).* Aber solche Bilder sind nicht immer das, was sie zu sein scheinen. Ende 1987, nicht lange nachdem John Napier einem Schlaganfall erlegen war, erklärte Wooldridge offen und ehrlich, eine genaue Prüfung seiner Himalaya-Aufnahmen und Vergleiche mit Bildern, die später von derselben Stelle gemacht worden waren, hätten gezeigt, daß es sich bei dem photographierten Objekt mit sehr hoher Wahrscheinlichkeit um einen Felsen gehandelt hatte.

Wooldrigdes Bilder gaben ihr Geheimnis also relativ schnell preis, nicht so jedoch Roger Pattersons rätselhafter Film von einer Sasquatch-Frau, der er angeblich 1967 im Nordwesten der Vereinigten Staaten begegnet war. Der Patterson-Film ist im Mittelpunkt der Sasquatch-Debatte geblieben. Sollte es sich bei ihm um einen Betrug handeln, ist nach Ansicht einiger Forscher der Sasquatch kein ernstzunehmendes Phänomen, sollte er aber echt sein, dann ist er der Beweis für dessen Existenz.

Napier traute Pattersons Film nicht, da seiner Meinung nach Gang und Erscheinung des angeblichen Sasquatch etwas unnatürlich wirkten. Und der britische Biomechanik-Fachmann Donald W. Grieve, der den Film ebenfalls analysierte, kam zu dem Schluß, daß es sich bei dem Wesen in Wirklichkeit um einen verkleideten Menschen gehandelt haben konnte, sofern der Film mit der üblichen Geschwindigkeit von 24 Bildern pro Sekunde aufgenommen worden war. Andererseits war nach Grieve die Möglichkeit eines Betrugs dann ausgeschlossen, wenn die Aufnahmegeschwindigkeit 16 oder 18 Bilder/s betragen hatte, weil in diesem Fall das beobachtete Verhalten seiner Meinung nach nicht von einem Menschen hätte nachgeahmt werden können.

Wie sich herausstellte, war Patterson nicht in der Lage zu sagen, wie er damals die Bildfrequenz seiner Kamera eingestellt hatte. Gewöhnlich betrug sie 24 Bilder/s, da diese Geschwindigkeit für das Fernsehen geeigneter war, doch wie er sich erinnerte, hatte die Einstellung nach seiner Begegnung mit dem Sasquatch 18 Bilder/s betragen.

Später entdeckten russische Experten in Moskau eine ungewöhnliche Methode, um die Filmgeschwindigkeit zu berechnen. Als Patterson mit seiner surrenden Kamera auf das Wesen zustürzte, war diese mit jedem seiner Schritte auf- und abgehüpft, und aufgrund dieser Bewegung ließ sich die Anzahl seiner Schritte feststellen. Wenn er den Film mit 24 Bildern/s aufgenommen hatte, so rechneten die Russen, dann mußte Patterson pro Sekunde sechs Schritte gemacht haben und wäre damit erheblich schneller als ein Weltklasse-Sprinter gelaufen. Nach Ansicht der Russen mußte der Film deshalb mit 16 Bildern/s aufgenommen worden sein, was wiederum nach Grieve einen Betrug ausschloß.

Patterson starb 1972, doch zankten sich andere weiter um seinen Film. René Dahinden zeigte ihn einigen führenden Trickfilm-Experten der Welt – den Technikern der Walt Disney Studios, die meinten, wenn der Sasquatch-Film ein Trick war, dann jedenfalls ein besserer als jeder, den sie erzeugen konnten. Weder die Disney-Leute noch alle anderen, die den Film prüften, konnten einen handfesten Beweis für einen Betrug entdecken.

Aus einem noch anderen Blickwinkel betrachtete Grover Krantz, ein Anthropologe von der Washington State University, den berühmten Film. Krantz berechnete, daß ein Geschöpf mit der Größe und dem Gewicht eines Sasquatch einen Fuß haben mußte, der sich von dem eines Menschen deutlich unterschied. Wie er sagte, mußte er beweglicher sein und zwischen Ferse und Knöchel einen größeren Abstand haben. Und tatsächlich zeigt Pattersons Film klar die hervorspringenden Fersen des Geschöpfes.

Krantz, der 1969 seine – letztendlich vergebliche – Suche nach dem Sasquatch begann, hat noch viele andere der mehr als tausend Berichte über Sichtungen geprüft und darüber hinaus Dutzende von Augenzeugen befragt, von denen seiner Ansicht nach die Hälfte „log, einer Sinnestäuschung erlegen war, im Rausch Halluzinationen hatte oder nur Informationen gab, die sich nicht zur Auswertung eigneten. Bei der anderen Hälfte konnte ich nichts Verdächtiges feststellen." Krantz war auch von den handfesteren Beweisen beeindruckt, die ein gewisser Paul Freeman, der zeitweise für den U.S. National Forest Service arbeitete, im Frühjahr 1982 entdeckte.

Am Morgen des 10. Juni verfolgte Freeman auf einer

Der Anthropologe Grover Krantz vergleicht den 43 Zentimeter großen Gipsabguß eines angeblichen Bigfoot-Fußabdrucks mit seinem eigenen 30 Zentimeter langen Schuh. Mit Hilfe des Abgusses zog Krantz Rückschlüsse auf den Knochenbau, der sich von dem eines Menschen unterscheidet und seiner Ansicht nach einem Tier von der Größe eines Bigfoot gemäß sein könnte.

alten Holzfällerstraße nahe Walla Walla im Bundesstaat Washington eine kleine Herde von Elchen, als er plötzlich eine Gestalt sah, die ihm ein Sasquatch zu sein schien. Sie kletterte etwa 60 Meter von ihm entfernt eine Böschung hinab. Offenbar aber hatte das Geschöpf den menschlichen Störenfried bemerkt und flüchtete, doch als Freeman später mit einigen Arbeitskollegen zu einer näheren Untersuchung an die Stelle zurückkehrte, entdeckten sie im harten Erdreich 21 deutliche Fußabdrücke. Die Männer machten von einigen Spuren Gipsabgüsse, und sechs Tage später fanden sie im selben Gebiet noch weitere Spuren, von denen sie ebenfalls Abgüsse anfertigten.

Nachdem Krantz die Abgüsse von beiden Orten untersucht hatte, kam er zu dem Schluß, daß die Spuren von zwei verschiedenen Wesen stammten, deren Füße jeweils etwa 38 Zentimeter lang gewesen waren. Noch faszinierender aber schien ihm die Tatsache, daß die Abdrücke Hautleisten – ähnlich den Linien eines Fingerabdruckes – und sogar Schweißdrüsen aufwiesen. Nach Krantz' Ansicht konnten solche winzigen Details nicht gefälscht werden, was auch von Gerichtsmedizinern und Dermatologie-Experten, die die Abgüsse untersuchten, bestätigt wurde.

Seit 1982 sind in der Gegend von Walla Walla noch eine Reihe angeblicher Sasquatch-Spuren gefunden worden, aufgrund derer Krantz meint, daß in dem Gebiet bis zu sechs dieser Geschöpfe leben. Aber auch wenn Krantz von der Existenz des Sasquatch überzeugt ist, bleiben die meisten anderen Wissenschaftler doch skeptisch. Tatsächlich zogen nach einer Umfrage, die in den späten 70er Jahren durchgeführt wurde, 88 Prozent der Anthropologieprofessoren an nordamerikanischen Universitäten nicht einmal die Möglichkeit in Betracht, daß so ein Wesen existieren könnte.

Photos sind nach Ansicht der Wissenschaftler nicht beweiskräftig, und sie fordern physische Beweise – etwa einen toten Sasquatch, einen Schädel oder wenigstens eine Handvoll Zähne, doch sind nie Leichen oder auch nur Skelette entdeckt worden. Jäger allerdings sagen, daß man im Wald nur äußerst selten Reste von großen Tieren findet, weil die Kadaver rasch von Aasfressern beseitigt und verstreut werden. Das Fehlen von fossilen Überbleibseln ließe sich also erklären. Außerdem gibt es in den extrem sauren Böden im Nordwesten der USA ohnehin nur wenige Fossilien.

Aber es gibt noch eine andere Erklärung dafür, daß bis heute kein toter Sasquatch untersucht werden konnte, und diese liegt im ethischen Bereich. Einige Personen, die einem Sasquatch begegneten, hatten wohl in Erwägung gezogen, ihn zu erlegen, unterließen es aber dann, weil er ihnen so menschlich erschien. Und tatsächlich ist der Sasquatch in manchen Gegenden gesetzlich geschützt.

Nach Ansicht von Krantz handelt es sich bei dem Wesen zwar sicherlich um einen Hominiden, ganz gewiß aber nicht um einen Echtmenschen, denn dazu fehlen ihm – nach heutiger Erkenntnis – Werkzeuge, Feuer, Kleidung und Sprache. Und deshalb müßte, wie Krantz meint, um der Wissenschaft willen der nächste Forscher und Jäger, der die Möglichkeit dazu hat, wenigstens eines dieser Wesen erlegen, damit es untersucht werden kann. Doch neben den Erkenntnissen und Einsichten, die dadurch gewonnen würden, ergäben sich neue, schwer lösbare Fragen. Müßte der scheue Sasquatch zur bedrohten Tierart erklärt werden? Würde man seinen Lebensraum im Wald schützen? Könnte man gefangene Exemplare in Zoos bringen?

Doch bisher beschäftigen all diese Fragen lediglich eine passionierte Minderheit von Weltenbummlern, Abenteurern und Wissenschaftlern rund um die Welt. Sie halten die Berichte der wenigen Privilegierten, die angeblich diese Wesen sahen, hörten oder rochen, und die handfesten Beweise, die auf dem Film und in Gipsabgüssen festgehalten sind, für überzeugend genug. Ihrer Meinung nach werden jene von uns, die in die abgelegenen Regionen der Welt vordringen, höchstwahrscheinlich von einem großen nachtaktiven, allesfressenden Hominiden, der ähnlich wie wir auf zwei Beinen geht, genau beobachtet und wenn möglich gemieden.

Für diese Menschen bleibt die Erde ein weiter Planet, der seine Geheimnisse hütet und noch Überraschungen birgt – auch wenn die zivilisierte Menschheit alles unternimmt, um sich immer weiter von ihren Wurzeln in der Natur zu entfernen. In ihr gibt es auch einen Platz für Riesen, nicht nur in den zahlreichen Mythen von Ungeheuern, die vor unserer Zeit lebten, sondern auch in dem dichtbewaldeten Oregon und den hochgelegenen Wäldern des Himalaya. Und selbst wenn ihnen die Beweise dafür noch fehlen, konnte ihnen bisher auch niemand das Gegenteil beweisen.

Monster auf der Kinoleinwand

Hiiilfe!" Dieser klägliche Schrei, der auf dem Höhepunkt des Films *Die Fliege* ungehört verklingt, als sich die Spinne auf den winzigen Menschen stürzt, ist für die vielen grauenerregenden Szenen typisch, die Generationen von Kinobesuchern gebannt haben. Von *Frankenstein* bis *Alien* stampften, krochen und glitten Filmungeheuer über die Kinoleinwände.

Oft sind diese Wesen, ebenso wie die phantastischen Kreaturen der alten Mythen, Ausdruck von gegenwärtigen Ängsten und Unsicherheiten. Radioaktive Strahlung, Genmanipulation, Umweltverschmutzung und die Zunahme von Gewalttätigkeit jeder Art haben alle ihren Teil zu solchen Schreckensszenen beigetragen, in denen Menschen von Riesenameisen, vermenschlichten Pflanzen oder gigantischen Bären bedroht werden, um nur einige zu nennen *(S. 128–137)*.

Doch wenn auch die Ungeheuer selbst alle erdenklichen Formen und Größen annehmen, scheinen die Filme, die ihre Geschichten erzählen, bestimmten dramaturgischen Regeln zu unterliegen. So wurden die Ungeheuer beispielsweise häufig von fehlgeleiteten oder geistesgestörten Wissenschaftlern geschaffen, und man kann sich darauf verlassen, daß sie ihnen am Ende des Films selbst zum Opfer fallen. Auf der anderen Seite sind da die guten Wissenschaftler, deren attraktive und intelligente Töchter sich oft in den gutaussehenden männlichen Helden verlieben, der sie schließlich rettet und die gefährliche Kreatur besiegt.

Doch die Zuschauer können selten davon ausgehen, daß solche Paare glücklich bis an ihr Ende leben, denn wie die Erfahrung gezeigt hat, sind Filmungeheuer ungemein zäh und meistens gar nicht tot. Vielmehr lauern sie im Verborgenen, während ihre Wunden heilen und sie ihre Rachepläne für die nächste Folge schmieden.

Mörderameisen

In einem bahnbrechenden Film, der bei uns unter dem Titel *Formicula* gezeigt wurde, entwickelt sich in der Wüste Neumexikos durch die Strahlung einer Atombombe ein Schwarm riesiger Mörderameisen. In Zusammenarbeit mit zwei Entomologen gelingt es dem FBI, die Tiere zu vernichten, bevor sie sich in den Abwasserkanälen von Los Angeles einnisten können.

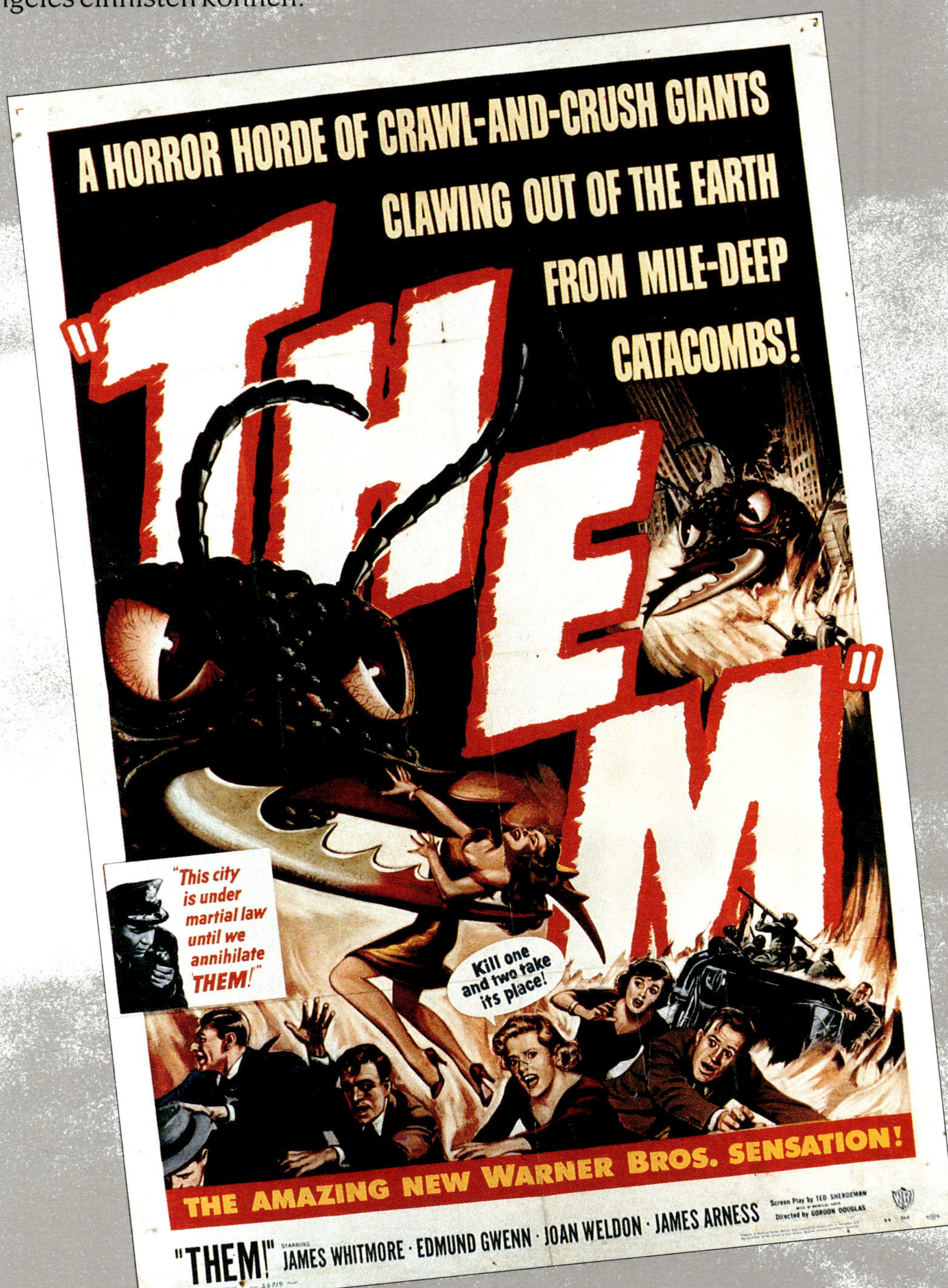

Ein Urzeit-Ungeheuer

In dem bei uns mit dem Titel *Panik in New York* gezeigten Film hat eine Atomwaffenexplosion unerwartete Folgen, als ein Testversuch in der Arktis einen prähistorischen „Rhedosaurus“ zu neuem Leben erweckt. Das Monster macht sich zu seinem ehemaligen Brutplatz auf, an dessen Stelle sich nun die Wolkenkratzer New Yorks erheben. Auf seinem Weg mordet es einen Polizisten und einen Paläontologen, verbreitet überall Entsetzen und droht schließlich, New York dem Erdboden gleichzumachen.

Eine menschliche Fliege

In dem Film *Die Fliege* schlägt ein Experiment, in dem Materie übertragen wird, auf entsetzliche Weise fehl: Plötzlich findet sich der Wissenschaftler André Delambre mit dem Kopf und den Vordergliedmaßen einer Fliege wieder. Während seine Frau verzweifelt nach einer Möglichkeit sucht, den Prozeß rückgängig zu machen, beginnt der unglückliche André zu erkennen, daß sowohl sein Körper als auch sein Geist geschädigt sind.

IF SHE LOOKED UPON THE HORROR HER HUSBAND HAD BECOME...
SHE WOULD SCREAM FOR THE REST OF HER LIFE!
20th Century-Fox presents
The Fly
THE MONSTER CREATED BY ATOMS GONE WILD!
in CINEMASCOPE and TERROR-COLOR by DE LUXE
starring
AL HEDISON · PATRICIA OWENS · VINCENT PRICE
HERBERT MARSHALL · KURT NEUMANN JAMES CLAVELL
Produced and Directed by
Screen Play by
Based on a Story by GEORGE LANGELAAN

Die Pflanzenmenschen

Weil er glaubt, daß das Überleben der Zivilisation von der erfolgreichen Kreuzung von Menschen und Pflanzen abhängt, schafft ein geistesgestörter Wissenschaftler in dem Film *The Mutations* eine Reihe immer seltsamerer Hybridwesen. Den Wissenschaftler ereilt ein schreckliches Ende, als der Verlobte seiner Tochter, der in eine menschliche Venusfliegenfalle verwandelt wurde, auf Rache sinnt.

Mutationen in Maine

Berichte über eine Gefährdung der Umwelt durch ein Sägewerk führen den Forscher Robert Vern in die Wälder von Maine, wo er einer Reihe von furchterregenden Mutationen begegnet, wie etwa riesigen Fischen und einem rasenden, bärenähnlichen Wesen. Vern gelingt es schließlich, die Mördertiere – zumindest vorübergehend – zu besiegen, aber der Film *Die Prophezeiung* bietet keine Lösung für die beängstigenden Fragen der industriellen Umweltverschmutzung.

SHE LIVES.
DON'T MOVE. DON'T BREATHE.
THERE'S NOWHERE TO RUN.
SHE WILL FIND YOU.
PROPHECY
The monster movie
PARAMOUNT PICTURES PRESENTS A JOHN FRANKENHEIMER FILM A ROBERT L. ROSEN PRODUCTION "PROPHECY" STARRING TALIA SHIRE ROBERT FOXWORTH
ARMAND ASSANTE RICHARD DYSART AND VICTORIA RACIMO MUSIC—LEONARD ROSENMAN WRITTEN BY DAVID SELTZER PRODUCED BY ROBERT L. ROSEN
DIRECTED BY JOHN FRANKENHEIMER PANAVISION® A PARAMOUNT PICTURE
READ THE BALLANTINE BOOK
DOLBY STEREO™
IN SELECTED THEATRES
©1979 Paramount Pictures Corporation. All Rights Reserved.

DANKSAGUNG

Das Register wurde von Hazel Blumberg-McKee erstellt. Die Herausgeber möchten den folgenden Personen und Institutionen für ihre wertvolle Unterstützung bei der Vorbereitung dieses Bandes ihren besonderen Dank aussprechen: René Dahinden, Richmond, British Columbia, Kanada; Anthony G. Harmsworth, Loch Ness Centre, Drumnadrochit, Schottland; Bernard Heuvelmans, Centre de Cryptozoologie, Le Vésinet, Frankreich; Melissa Hough, CIGNA Museum and Art Collection, Philadelphia, Pennsylvania, USA; Fridolf Johnson, Woodstock, New York, USA; Dr. Roy P. Mackal, Chicago, Illinois, USA; Dr. Clyde Roper, National Museum of Natural History, Smithsonian Institution, Washington, D.C., USA; Dottie Schneider, Philadelphia, Pennsylvania, USA.

BIBLIOGRAPHIE

Adamnan, IX. Abt von Hy: *Life of Saint Columba (Vita Sancti Columbae Abbatis)*. Hrsg. von William Reeves. Edmonston and Douglas, Edinburgh 1874

„Are There Sea Serpents, Really?" *New York Herald-Tribune*, 14. August 1955

Aylesworth, Thomas G.: *Science Looks at Mysterious Monsters*. Julian Messner, New York 1982

Bauer, Henry H: *The Enigma of Loch Ness*. University of Illinois Press, Urbana (Illinois) 1986

Baumann, Elwood D.: *The Loch Ness Monster*. Franklin Watts, New York 1972

Bayanow, Dmitri: „A Field Investigation into the Relict Hominoid Situation in Tajikistan, U.S.S.R." *Cryptozoology*, Band 3, 1984

Bendick, Jeanne: *The Mystery of the Loch Ness Monster*. McGraw-Hill, New York 1976

Binns, Ronald: *The Loch Ness Mystery Solved*. Prometheus Books, Buffalo 1984

Bishop, Barry C.: „Wintering in the High Himalayas." *National Geographic*, Oktober 1962

Boffey, Philip M.: „‚Chessie' Back in the Swim Again." *New York Times*, 4. September 1984

Bonington, Chris: *Annapurna South Face*. McGraw-Hill, New York 1971

Bord, Janet, und Colin:
The Bigfoot Casebook. Stackpole Books, Harrisburg (Pennsylvania) 1982
The Evidence for Bigfoot and Other Man-Beasts. Hrsg. von Hilary Evans. Aquarian Press, Wellingborough (Northamptonshire), England, 1984

Bright, Michael: „Meet Mokele-Mbembe." *BBC Wildlife*, Dezember 1984

Byrne, Peter: *The Search for Big Foot*. Pocket Books, New York 1976

Campbell, Elizabeth Montgomery, und Solomon, David: *The Search for Morag*. Walker and Company, New York 1973

Campbell, Steuart: *The Loch Ness Monster: The Evidence*. Aquarian Press, Wellingborough (Northamptonshire), England, 1986

Cohen, Daniel:
The Encyclopedia of Monsters. Dodd, Mead, New York 1982
A Modern Look at Monsters. Dodd, Mead, New York 1970

Cooke, David C., und Cooke, Yvonne: *The Great Monster Hunt*. W.W. Norton, New York 1969

Costello, Peter: *In Search of Lake Monsters*. Coward, McCann & Geoghegan, New York 1974

„Coverage in Depth." *Time*, 21. Juni 1976

DeYoung, Karen: „Sonar Search for ‚Nessie' Reveals 3 Wobbly Scratches." *Washington Post*, 11. Oktober 1987

Dinsdale, Tim:
Loch Ness Monster. Routledge & Kegan Paul, London 1982
Monster Hunt. Acropolis Books. Washington, D.C., 1972
Project Water Horse: The True Story of the Monster Quest at Loch Ness. Routledge & Kegan Paul, London 1975

Ellis, William S.: „Loch Ness: The Lake and the Legend". *National Geographic*, Juni 1977

Geist, William E.: „Village on Lake Champlain Seeking Its Fortune in Tale of a Fabulous Sea Monster". *New York Times*, 29. November 1980

Gould, R.T.:
The Case for the Sea-Serpent. Singing Tree Press, Detroit 1969 (Nachdruck der Ausgabe von 1930)
The Loch Ness Monster and Others. Geoffrey Bles, London 1934

Green, John:
On the Track of the Sasquatch. Cheam Publishing, Agassiz, Kanada, 1968
Sasquatch: The Apes among Us. Hancock House, Seattle 1978
The Sasquatch File. Cheam Publishing, Agassiz, Kanada, 1973
Years of the Sasquatch. Cheam Publishing, Agassiz, Kanada, 1970

Gregory, William K.: „The Loch Ness ‚Monster'". *Natural History*, April 1980

Grumley, Michael: *There Are Giants in the Earth*. Doubleday, Garden City (New York), 1974

Haining, Peter: *Ancient Mysteries*. Taplinger Publishing, New York 1977

Halpin, Marjorie M., und Ames, Michael M. (Hrsg.): *Manlike Monsters on Trial: Early Records and Modern Evidence*. University of British Columbia Press, Vancouver, Kanada, 1980

Harper, Jennifer: „Keeping the Monster Watch". *Washington Times Magazine*, 17. Juli 1986

Heaney, Michael: „The Mongolian Almas: A Historical Reevaluation of the Sighting by Baradiin". *Cryptozoology*, Band 2, 1983

Helm, Thomas: *Monsters of the Deep*. Dodd, Mead, New York 1966

Helton, David: „The Creature from the Avalanche". *BBC Wildlife*, September 1986

Heuvelmans, Bernard:
In the Wake of the Sea-Serpents. Übers. von Richard Garnett. Hill and Wang, New York 1965
On the Track of Unknown Animals. Übers. von Richard Garnett. Hill and Wang, New York 1958

Hewkin, James A.: „Investigating Sasquatch Evidence in the Pacific Northwest". *Cryptozoology*, Band 5, 1986

Hillary, Sir Edmund, und Doig, Desmond: *Schneemenschen und Gipfelstürmer*. Brockhaus, Wiesbaden 1963

Holiday, F. W.: *The Great Orm of Loch Ness: A Practical Inquiry into the Nature and Habits of Water-Monsters*. W. W. Norton, New York 1969

Hunter, Don, und Dahinden, René: *Sasquatch*. McClelland and Stewart, Toronto 1973

Huyghe, Patrick: „The Search for Bigfoot". *Science Digest*, September 1984

International Society of Cryptozoology: *The ISC Newsletter*. Hrsg. v. J. Richard Greenwell:
„Champ Passes New York Assembly". Frühjahr 1983
„Champ Photo Analysis Supports Animal Hypothesis". Herbst 1982
„Chesapeake Bay Monster Filmed on Videotape". Sommer 1982
„Close Encounter in Lake Okanagan Revealed". Frühjahr 1987
„Congo Expeditions Inconclusive". Frühjahr 1982
„CSICOP Publishes Further Nessie Criticisms". Sommer 1985
„Giant Octopus Blamed for Deep Sea Fishing Disruptions". Herbst 1985
„Interview mit Paul H. LeBlond und Forrest G. Wood". Frühjahr 1983
„Lake Champlain Monster Draws Worldwide Attention". Sommer 1982
„Lake Champlain Update: 1983". Frühjahr 1984
„Lloyds of London to Insure Ogopogo". Frühjahr 1984
„Mokele-Mbembe: New Searches, New Claims". Herbst 1986
„Proposed Sasquatch Hunt Stirs New Controversies". Sommer 1984
„Retouching of Nessie Flipper Photo Claimed – Denied". Winter 1984
„‚Sea Serpents' Seen off California Coast". Winter 1983
„Walla Walla Casts Show Dermal Ridges". Herbst 1982

Izzard, Ralph: *The Abominable Snowman*. Doubleday, Garden City (New York) 1955

Joyner, Graham C.: „The Orang-utan in England: An Explanation for the Use of *Yahoo* as a Name for the Australian Hairy Man". *Cryptozoology*, Band 3, 1984

Krantz, Grover S.: „Anatomy and Dermatoglyphics of Three Sasquatch Footprints". *Cryptozoology*, Band 2, 1983

LeBlond, Paul H., und Collins, Michael J.: „The Wilson Nessie Photo: A Size Determination Based on Physical Principles". *Cryptozoology*, Band 6, 1987

LeBlond, Paul H., und Sibert, John: „Observations of Large Unidentified Marine Animals in British Columbia and Adjacent Waters". Manuscript report No. 28 für das Institute of Oceanography, University of British Columbia, Vancouver, Kanada

Ley, Willy: *Exotic Zoology*. Viking Press, New York 1959

„Loch Ness: Something There?" *Science News*, 17. April 1976

Lohr, Steve: „Myth or Fact, Nessie Is still Luring Many". *New York Times*, 11. Oktober 1988

Lum, Peter: *Fabulous Beasts*. Thames and Hudson, London 1952

McCosker, John, E.: „Sandy, the Great White Shark". *Animal Kingdom*, Dezember 1980/Januar 1981
McEwan, Graham J.:
Mystery Animals of Britain and Ireland. Robert Hale, London 1986
Sea Serpents, Sailors and Sceptics. Routledge & Kegan Paul, London 1978
Mackal, Roy P.:
A Living Dinosaur? In Search of Mokele-Mbembe. E. J. Brill, Leiden, Niederlande, 1987
The Monsters of Loch Ness. Swallow Press, Chicago 1980
„Nessie's African Cousin". *Animal Kingdom*, Dezember 1980/ Januar 1981
„The Search for Evidence of Mokele-Mbembe in the People's Republic of the Congo". *Cryptozoology*, Band 1, 1982
Searching for Hidden Animals. Doubleday, Garden City (New York) 1980
Markotic, Vladimir (Hrsg.): *The Sasquatch and Other Unknown Hominoids.* Hancock House, Seattle 1978
Meredith, Dennis L.: *Search at Loch Ness: The Expedition of the New York Times and the Academy of Applied Science.* The New York Times Book Co., Quadrangle, New York 1977
Moon, Mary: *Ogopogo: The Okanagan Mystery.* J. J. Douglas, Vancouver, Kanada, 1977
Napier, John: *Bigfoot: The Yeti and Sasquatch in Myth and Reality.* E. P. Dutton, New York 1973
Owen, Elizabeth: „In Search of a Monster". *Life*, August 1982
Patterson, Roger: *Do Abonimable Snowmen of America Really Exist?* Franklin Press, Yakima (Washington) 1966
Phillpotts, Beatrice: *Mermaids.* Ballantine Books, New York 1980
Poirier, Frank E.: Hu Hongxing, und Chung-Min Chen: „The Evidence for Wildman in Hubei Province, People's Republic of China". *Cryptozoology*, Band 2, 1983
Razdan, Rikki, und Kielar, Alan: „Sonar and Photographic Searches for the Loch Ness Monster: A Reassessment". *The Sceptical Inquirer*, Winter 1984-85
„The (Retouched) Loch Ness Monster". *Discover*, September 1984
Rines, Robert H., Edgerton, Harold E., und Needleman, Robert: „Activities of the Academy of Applied Science Related to Investigations at Loch Ness, 1984". *Cryptozoology*, Band 3, 1984
Roper, Clyde F. E., und Boss, Kenneth J.: „The Giant Squid". *Scientific American*, April 1982
Saar, John: „Salt-Water Nessie or Plesiosaurus, It's Back in the Briny". *Washington Post*, 21. Juli 1977
Sanderson, Ivan T.: *Abominable Snowmen: Legend Come to Life.* Chilton, Philadelphia 1967
„Search for Loch Ness Monster Comes Up Empty." *Associated Press*, 12. Oktober 1987
Searle, Frank: *Nessie: Seven Years Search of the Monster.* Coronet Books, London 1976
Semple, Robert B. Jr.: „Loch Ness Expedition, Switching Tactics, to Try Sonar Gear to Find Monster". *New York Times*, 13. Juli 1976
Shackley, Myra: *Und sie leben doch. Bigfoot, Almas, Yeti und andere geheimnisvolle Schneemenschen.* Harnack Verlag, München 1983
Shine, Adrian:
„Sounding Out the Sightings". *The Unexplained* (London), Band 1, Heft 12
„To Catch a Monster". *The Unexplained* (London), Band 2, Heft 14
„A Very Strange Fish?" *The Unexplained* (London), Band 2, Heft 13
Sprague, Roderick, und Krantz, Grover S. (Hrsg.): *The Scientist Looks at the Sasquatch II.* Band 4 der *Anthropological Monographs of the University of Idaho.* University Press of Idaho, Moscow (Idaho), 1979
Sullivan, Walter: „Loch Ness Monster: A Serious View". *New York Times*, 8. April 1976
Sweeney, James B.:
A Pictorial History of Sea Monsters and Other Dangerous Marine Life. Crown Publishers, New York 1972
Sea Monsters: A Collection of Eyewitness Accounts. David McKay, New York 1977
Tchernine, Odette: *In Pursuit of the Abominable Snowman.* Taplinger Publishing, New York 1971
Vachon, Brian: „Is There a Champlain Monster?" *Reader's Digest*, April 1978
Waddell, L. A.: *Among the Himalayas.* Hrsg. von H. K. Kuloy, Nachdruck der Ausgabe von 1900. Ratna Pustak Bhandar, Katmandu (Nepal) 1978 (Nachdruck der Ausgabe von 1900)
Wasson, Barbara: *Sasquatch Apparitions.* Eigenverlag, Bend (Oregon) 1979
Whyte, Constance: *More Than a Legend: The Story of the Loch Ness Monster.* Hamish Hamilton, London 1957
Wiley, John P. Jr.: "Cameras, Sonar Close In on Denizen of Loch Ness." *Smithsonian*, Juni 1976
Wilford, John Noble:
„Is It Lake Champlain's Monster?" *New York Times*, 29. Juni 1981
„Scientists Plan All-Out Loch Ness Search." *New York Times*, 28. Mai 1976
„Seekers of Loch Ness Monster Disappointed, Not Discouraged." *New York Times*, 6. Dezember 1976
Zarzynski, Joseph W.: *Champ – Beyond the Legend.* Bannister Publications, Port Henry (New York) 1984

QUELLENNACHWEIS DER ABBILDUNGEN

Abbildungen von links nach rechts sind durch Semikolon, solche von oben nach unten durch Gedankenstrich getrennt.

Einband: Illustration von Alfred T. Kamajian. 7: Illustration von Bryan Leister, Ausschnitt von Seite 15. 8–15: Illustrationen von Bryan Leister. 16, 17: Illustration von Wendy Popp. 18: Holzschnitt aus *Mostri, Draghi e Serpenti: ... di Ulisse Aldrovandi*, hrsg. von Erminio Caprotti, erschienen bei Nuove Edizioni Gabriele Mazzotta, Mailand – Mary Evans Picture Library, London – Holzschnitt aus *Mostri, Draghi e Serpenti: ... di Ulisse Aldrovandi*, hrsg. von Erminio Caprotti, erschienen bei Nuove Edizioni Gabriele Mazzotta, Mailand – Mary Evans Picture Library, London. 19: Holzschnitte aus *Mostri, Draghi e Serpenti: ... di Ulisse Aldrovandi*, hrsg. von Erminio Caprotti, erschienen bei Nuove Edizioni Gabriele Mazzotta, Mailand, ausgenommen unten rechts, Mary Evans Picture Library, London. 20, 21: David Doubilet; Wu Zuzheng/ Photo Researchers, Inc.; © George Holton/Photo Researchers, Inc., 1971; Peter Davey/Bruce Coleman Inc. – © George Holton/Photo Researchers, Inc., 1978. – © Tom McHugh/Photo Researchers, Inc., 1979. 23: Prof. Hans Fricke, Max-Planck-Institut für Verhaltensphysiologie, Seewiesen, Österreich. 24: Fortean Picture Library, Wales. 25: mit frdl. Genehmigung Dr. Clyde Roper. 26: Forbes Collection, Hart Nautical Collections, MIT Museum. 27: Boston Athenaeum. 29: Fortean Picture Library, Wales. 30: The Kendall Whaling Museum, Sharon, Massachusetts. 31: Culver Pictures. 32: Mary Evans Picture Library, London. 33: Illustrated London News Picture Library, London. 35, 36: Fortean Picture Library, Wales. 38: mit frdl. Genehmigung der International Society of Cryptozoology, Tucson, Arizona. 39: Illustration von Fred Holz. 40, 41: Fortean Picture Library, Wales – AP/Wide World Photos. 42: Fortean Picture Library, Wales. 43: AP/Wide World Photos. 45: Illustration von Lloyd K. Townsend, Ausschnitt von Seite 50. 46–51: Illustrationen von Lloyd K. Townsend. 52, 53: Anadolu Medeniyetleri Müzesi, Ankara. 54: Lee Boltin, mit frdl. Genehmigung Fridolf Johnson, Woodstock, New York - Holzschnitte aus *Mostri, Draghi e Serpenti: ... di Ulisse Aldrovandi*, hrsg. von Erminio Caprotti, erschienen bei Nuove Edizioni Gabriele Mazzotta, Mailand (3). 55: Gemälde von John Archibald Woodside, Sr., mit frdl. Genehmigung CIGNA Museum and Art Collection, Philadelphia. 56: Michael Holford, Loughton/ m. frdl. Genehmigung der Trustees of the British Museum, London; m. frdl. Genehmigung der Trustees of the British Museum, London. 57: Aus *Great Mysteries: Mysterious Monsters*, von Daniel Farson and Angus Hall, © Aldus Books, London, 1975; Holzschnitt aus *Mostri, Draghi e Serpenti: ... di Ulisse Aldrovandi*, hrsg. von Erminio Caprotti, erschienen bei Nuove Edizioni Gabriele Mazzotta, Mailand; Bibliothèque Nationale, Paris – The Bodleian Library, Oxford. 58, 59: Mary Evans Picture Library, London; Nikos Kontos, Athen, mit frdl. Genehmigung des Delphi Museums; Lee Boltin – Eckhard Ritter von der Akademischen Druck- und Verlagsanstalt, Graz; Girandon, Paris, mit frdl. Genehmigung des Musée du Louvre, Paris. 61: Illustration Wendy Popp. 62: Mit frdl. Genehmigung der International Society of Cryptozoology, Tucson, Arizona. 63: Sandra Mansi/Gamma-Liaison. 64, 65: David Doubilet. 67: Karte von Fred Holz, basierend auf einer Karte von John Bartholemew and Son Ltd., Edinburgh. 68, 69: Popperfoto, London; Hugh Gray/Fortean Picture Library, Wales – Fortean Picture Library, Wales. 70: Ralph Izzard, Tunbridge Wells, Kent, aus *The Hunt for the Buru*, Hodder and Stoughton, London 1951. 72, 73: Terry Fincher/Photographers International, Guildford, Surrey. 74, 75: H. L.Cockrell/Camera Press, London; ITN, London/Tim Dinsdale; Photo von F. C. Adams, *Daily Mail*, London/Solo Syndication – R. K. Wilson/Fortean Picture Library, Wales – Lachlan Stewart/London Express News and Feature Service, aus *More Than a Legend: The Story of the Loch Ness Monster*, von Constance Whyte, Hamish Hamilton, London 1957; P. A. MacNab, mit frdl. Genehmigung Time Inc. Picture Collection. 76: Ivor Newby/National Archive, Loch Ness

Centre, Drumnadrochit. 77: Mit frdl. Genehmigung Time Inc. Picture Collection. 78: © Academy of Applied Science, 1972, mit frdl. Genehmigung von R.H. Rines. 79: © Academy of Applied Science, 1972. 80: Nicholas Witchell/Fortean Picture Library, Wales – © Academy of Applied Science, 1975. © Academy of Applied Science, 1975/Syndication International, London. 82, 83: *Courtship in Loch Ness*, Gemälde von Peter Scott, C.H., C.B.E., D.S.C., F.R.S., mit frdl. Genehmigung von Christopher James, Isle of Mull, Schottland. 86, 87: David Doubilet. 88: Nicholas Witchell/Fortean Picture Library, Wales – Today/RDR Productions. 89: Today/RDR Productions. 91: Zeichnung von David Miller aus *A Living Dinosaur? In Search of Mokele-Mbembe*, von Dr. Roy P. Mackal, © E. J. Brill, Leiden, Niederlande, 1987, Ausschnitt von Seite 97. 92, 93: Marie T. Womack aus *A Living Dinosaur? In Search of Mokele-Mbembe*, von Dr. Roy P. Mackal, © E. J. Brill, Leiden, Niederlande, 1987; Karte von William Unlep. 94, 95: Hintergrundphoto von Dr. Roy P. Mackal, aus *A Living Dinosaur? In Search of Mokele-Mbembe*, von Dr. Roy P. Mackal, © E. J. Brill, Leiden, Niederlande, 1987. Kleine Photos von Justin Wilkinson aus *A Living Dinosaur? In Search of Mokele-Mbembe*, von Dr. Roy P. Makkal, © E.J. Brill, Leiden, Niederlande, 1987; Dr. Roy P. Mackal aus *A Living Dinosaur? In Search of Mokele-Mbembe*, von Dr. Roy P. Mackal, © E.J. Brill, Leiden, Niederlande, 1987 – Marie T. Womack aus *A Living Dinosaur? In Search of Mokele-Mbembe*, von Dr. Roy P. Makkal, © E. J. Brill, Leiden, Niederlande, 1987. 96, 97: Hintergrundphoto von Richard Greenwell aus *A Living Dinosaur? In Search of Mokele-Mbembe*, von Dr. Roy P. Makkal, © E. J. Brill, Leiden, Niederlande, 1987. Kleines Photo mit frdl. Genehmigung der International Society of Cryptozoology, Tucson, Arizona; Zeichnung von David Miller aus *A Living Dinosaur? In Search of Mokele-Mbembe*, von Dr. Roy P. Mackal, © E. J. Brill, Leiden, Niederlande, 1987. 99: Illustration von Wendy Popp. 101: Photothèque Musée de l'Homme, Paris. 102, 103: John Cleare/Mountain Camera, kleines Photo von Eric Shipton, mit frdl. Genehmigung der Royal Geographical Society Picture Collection, London. 104: *Daily Mail*, London/ Solo Syndication. 105: UPI/Bettmann Newsphotos. 106: Myra Shackley, Bradford. 108, 109: Zeichnung Lt. Col. V.S. Karapetian/Fortean Picture Library, Wales; aus *Year of the Sasquatch*, von John Green, © Cheam Publishing Ltd., Saanichton, British Columbia, Kanada, 1970. 111: Dr. Bernard Heuvelmans; mit frdl. Genehmigung der International Society of Cryptozoology, Tucson, Arizona. 112: Mit frdl. Genehmigung der International Society of Cryptozoology, Tucson, Arizona. 113: Dr. Zhou Guoxing/Fortean Picture Library, Wales. 114: Aus *Sasquatch: The Apes among Us*, von John Green, © Cheam Publishing Ltd., Saanichton, British Columbia, Kanada, 1978; Zeichnung von Robert Lea/Fortean Picture Library, Wales – Fortean Picture Library, Wales; Zeichnung von Jack Cochran/Fortean Picture Library, Wales. 115: © James A. Sugar/Black Star, 1981. 116: © René Dahinden, Richmond, British Columbia, Kanada, 1957. 117: René Dahinden/Fortean Picture Library, Wales. 118, 119: Patterson/Gimlin © René Dahinden, 1967. 120, 121: René Dahinden/Fortean Picture Library, Wales. 122, 123: A.B. Wooldridge, Altrincham. 124: Aus *Sasquatch: The Apes among Us*, von John Green, © Cheam Publishing Ltd., Saanichton, British Columbia, Kanada, 1978. 125: Douglas Kirkland/Sygma. 127: © Warner Bros. Inc., 1953, 1981, alle Rechte vorbehalten, Photo mit frdl. Genehmigung Movie Star News, New York, Ausschnitt von Seite 131. 128, 129 Photomontage: Hintergrund, USAF Photographic Collection, National Air & Space Museum, Smithsonian Institution. Plakat © Warner Bros. Inc., 1954, 1982, alle Rechte vorbehalten, Photo mit frdl. Genehmigung von Crowell Beech; Standphoto © Warner Bros. Inc., 1954, 1982, alle Rechte vorbehalten. 130, 131 Photomontage: Hintergrund, USAF Photographic Collection, National Air & Space Museum, Smithsonian Institution. Plakat © Warner Bros. Inc., 1953, 1981, alle Rechte vorbehalten, Photo mit frdl. Genehmigung der Kobal Collection, New York; Standphoto © Warner Bros. Inc., 1953, 1981, alle Rechte vorbehalten, Photo mit frdl. Genehmigung der Movie Star News, New York. 132, 133 Photomontage: Hintergund Fritz Goro für LIFE. Standphoto von Twentieth Century Fox Verleih THE FLY © 1958 Twentieth Century-Fox Film Corporation, alle Rechte vorbehalten, Photo mit frdl. Genehmigung der Springer/Bettmann Film Archives, New York; Plakat des Twentieth Century Fox Verleihs THE FLY © 1958 Twentieth Century-Fox Film Corporation, alle Rechte vorbehalten. 134, 135 Photomontage: Hintergrund, Fritz Goro. Plakat und Standphoto © 1974 Getty Pictures Ltd., alle Rechte vorbehalten. 136, 137 Photomontage: Hintergrund, John Zimmerman © 1967 Time-Life Books Inc. aus *The Heartland* (Time-Life Library der Amerika-Serie). Standphoto aus PROPHECY © 1979 Paramount Pictures Corperation, alle Rechte vorbehalten, Photo mit frdl. Genehmigung von Movie Star News, New York; Plakat von PROPHECY © 1979 Paramount Pictures Corporation, alle Rechte vorbehalten.

REGISTER

Kursiv gedruckte Seitenzahlen verweisen auf eine Abbildung zu dem betreffenden Stichwort.

TIME-LIFE BÜCHER

LEITUNG DER EUROPÄISCHEN REDAKTION:
Ellen Phillips
Direktor des Designs: Ed Skyner
Leitung der Administration: Samantha Hill
Chef-Assistentin: Ilse Gray

GEHEIMNISSE DES UNBEKANNTEN

DIREKTOR DER REIHE: Russell B. Adams, Jr.
Administration der Reihe: Myrna Traylor-Herndon
Designer: Herbert H. Quarmby

Redaktionsstab für *Rätselhafte Wesen:*
Redaktion: Jane N. Coughran (Bild); Janet Cave (Text)
Design: Lorraine D. Rirard
Dokumentation: Scarlet Cheng, Christian D. Kinney, Constance Strawbridge Contreras

Weitere Mitarbeiter: Christine Hinze (Bild); Laura Akgulian, Sarah Brash, George Daniels, Martha Leff, Thomas A. Lewis, Jake Page, Marilynne R. Rudick, Sandra Salmans, Daniel Stashower (Text); John Drummond (Design); Vilasini Balakrishnan, Denise Dersin, Anne Munoz-Furlong, Melva Holloman, Sharon Obermiller, Patricia A. Paterno, Rhoda Christine Russell (Dokumentation).

Korrespondentinnen: Elisabeth Kraemer-Singh (Bonn); Vanessa Kramer (London); Maria Vincenza Aloisi (Paris); Ann Natanson (Rom).
Hilfreiche Unterstützung leisteten ebenfalls: Judy Aspinall (London); Elizabeth Brown, Christina Lieberman (New York).

LEITUNG DER DEUTSCHEN REDAKTION:
Marianne Tölle
Textredaktion: Gertraud Bellon, Dr. Heike Renwrantz

Aus dem Englischen übertragen von Angelika Feilhauer, Anne Höfler

Berater:
Marcello Truzzi, Professor für Soziologie an der Eastern Michigan University, ist auch der Leiter des Center for Scientific Anomalies Research (CSAR) und Herausgeber von dessen Zeitschrift *Zetetic Scholar.* Dr. Truzzi, der sich bezüglich des Paranormalen als „konstruktiver Skeptiker" bezeichnet, bemüht sich über das CSAR um Dialoge zwischen Kritikern und Verfechtern ungewöhnlicher wissenschaftlicher Thesen.

J. Richard Greenwell ist seit 1982 Vorsitzender der Internationalen Gesellschaft für Kryptozoologie und gibt deren Schriften heraus. Er hat *Animals without Heritage,* ein grundlegendes Werk über rätselhafte Tiere, veröffentlicht und in über zwanzig Ländern – darunter in Neuguinea und im Kongo – nach solchen Lebewesen gesucht.

Dieser Band gehört zu einer Reihe, die sich mit rätselhaften Phänomenen befaßt, für die die Wissenschaft bis heute keine schlüssigen Erklärungen gefunden hat.

Lizenzausgabe für den ECO Verlag GmbH, Köln
Eltville/Rhein, 1999

ISBN 3 933468 89 2

Farbreproduktionen: Liberty Engraving Co., Chicago, USA
Satz: Utesch Satztechnik GmbH, Hamburg
Druck und Einband: Artes Gráficas Toledo, S.A.
D.L.TO: 354-1999